JN439642

사랑이
멈 춘
발 길

2015
경남예술제

경남사랑
사 화 집

사랑이
멈 춘
발 길

경상남도문인협회

발간사

경남 사랑을 일깨우는 서정의 단초

경상남도문인협회
회장 김연동

예술인은 다양한 감정을 잘 표현하여 예술 작품으로 승화하는 재주를 가진 사람들입니다. 자신이 나고 자라면서 몸에 배이고 축적된 기억들은 말할 것도 없고, 밀양 사람은 밀양을 느끼게 하고, 하동 사람은 하동을 느끼게 하는 탁월한 감각을 바탕으로 작품을 창조하는 사람들입니다. 경남의 문인들에 의해 창작된 작품에는 경남의 정서와 그들이 익힌 감각적 표현이 잘 어우러져 있을 수밖에 없습니다.

우리 경남은 아름다운 자연경관을 고루 갖춘 자랑스런 고장입니다. 어디를 가든 발을 디디면 감탄사가 저절로 나오는 곳입니다. 발아래 남쪽으로는 늘 푸른 바다가 출렁입니다. 옹기종기 다도해의 절경을 엮어 내고 있습니다. 지리산, 덕유산, 가야산, 자굴산, 무학산, 화왕산, 남해 금산, 영남알프스 등 수많은 명산들이 즐비합니다. 통도사, 해인사, 쌍계사 등 명산 명찰들이 그 산 아래 있습니다. 산과 강과 바다는 우리 역사와 정신세계를 형성하는 정서의 줄기요, 뿌리요, 뼈대라 할 것입니다. 낙동강, 섬진강, 남강, 밀양강, 우포늪 그 물길이 자바자박 땅을 적시며 무수한 인물을 배출한 역사의 고장이기도 합니다. 이 모두가 우리나라의 대표적 명소로 꼽히는 관광 자원이요, 작품의 발상지요, 소재이며, 제재인 것은 더 말할 나위가 없습니다.

최치원이 곳곳을 누비며 발자취를 남겼고, 최윤덕 장군, 남명 조식 선생, 홍이 장군 곽재우, 정기룡 장군 등 많은 분들은 나라를 누란의 위기로부터 벗어나게 하신, 경남이 낳은 역사적 인물들입니다. 노산, 청마, 초정, 김춘수, 이병주 등 근현대문학사의 큰 인물들은 우리 문인들의 자부심입니다. 우리가 경남에서 태어나 경남에서 문학 활동을 한다는 것은 진정 복 받은 일이 아닐 수 없습니다.

그동안 경남을 사랑하는 아름다운 마음과 정서가 녹은 회원들의 작품을 모아 한 권의 작품집으로 엮었습니다. 이는 경남인의 정서를 통합하는 작은 시작이 되고, 애향의 서정을 흔드는 작은 단초가 되었으면 하는 바람입니다.

이 사화집을 발간하는데 큰 도움을 주신 경남예총 공병철 회장님과 경남도 관계자 여러분께 심심한 사의를 표합니다.

축사

아름다운 계절

한국예총 경상남도연합회
회장 공병철

아름다운 계절, 깊은 가을과 함께 '2015 경남예술제' 를 찾아 주신 도민 여러분께 깊은 감사의 인사를 드립니다. 경남건축가협회, 경남문인협회, 경남미술협회, 경남사진작가협회, 경남영화인협회 그리고 경남예총이 하나로 어우러지는 '2015 경남예술제' 는 도단위 협회의 수준 높은 작품전시와 경남의 예술인과 대중가수 그리고 전통공연이 하나가 되는 종합예술의 장입니다. 도민 여러분의 눈과 귀, 그리고 문화적 감성을 충족시킬 수 있는 뜻깊은 자리가 될 수 있도록 심혈을 기울여 준비하였습니다. 경남의 문화예술을 한자리에서 만나 보실 수 있는 의미 있고, 다채로운 문화적 소통을 통하여 도민 여러분의 삶에 보다 풍요롭고, 의미 있는 시간이 되시길 바랍니다.

예술을 사랑하는 경남도민 여러분 그리고 경남예술인 여러분!

예술의 가치와 과학의 가치는 만인의 이익에 대한 사욕 없는 봉사라고 합니다. 과학의 발전으로 삶이 윤택해지며, 예술을 접하면서 삶의 질은 높아집니다. 저희 경남예총은 언제나 도민과 예술인을 위한 창조적인 기획으로 예술 발전에 원동력이 될 수 있도록 최선의 노력을 다하겠습니다. 도민 여러분, 우리 예술인의 지속적인 창작활동에는 여러분의 많은 관심과 사랑이 필요합니다. 언제나 지금처럼 지켜봐 주시고, 격려해 주시기 바랍니다. 경남예술인 여러분께서도 경남을 대표하여 그리고 대한민국을 대표할 수 있는 작품 활동으로 보다 진취적인 예술문화 발전에 앞장서 주시길 바랍니다.

끝으로 경상남도 문화예술 창달과 발전에 큰힘이 되어 주시는 홍준표 경상남도지사님과 김윤근 경상남도의회 의장님께 깊은 감사의 인사를 드립니다. 이번 '2015 경남예술제' 를 통하여 아름다운 이 계절, 여러분의 마음도 예술로 아름답게 물들어 가시길 바라며, 함께 해주신 모든 분들의 가정에 건강과 화목이 언제나 함께하길 기원 드립니다. 감사합니다.

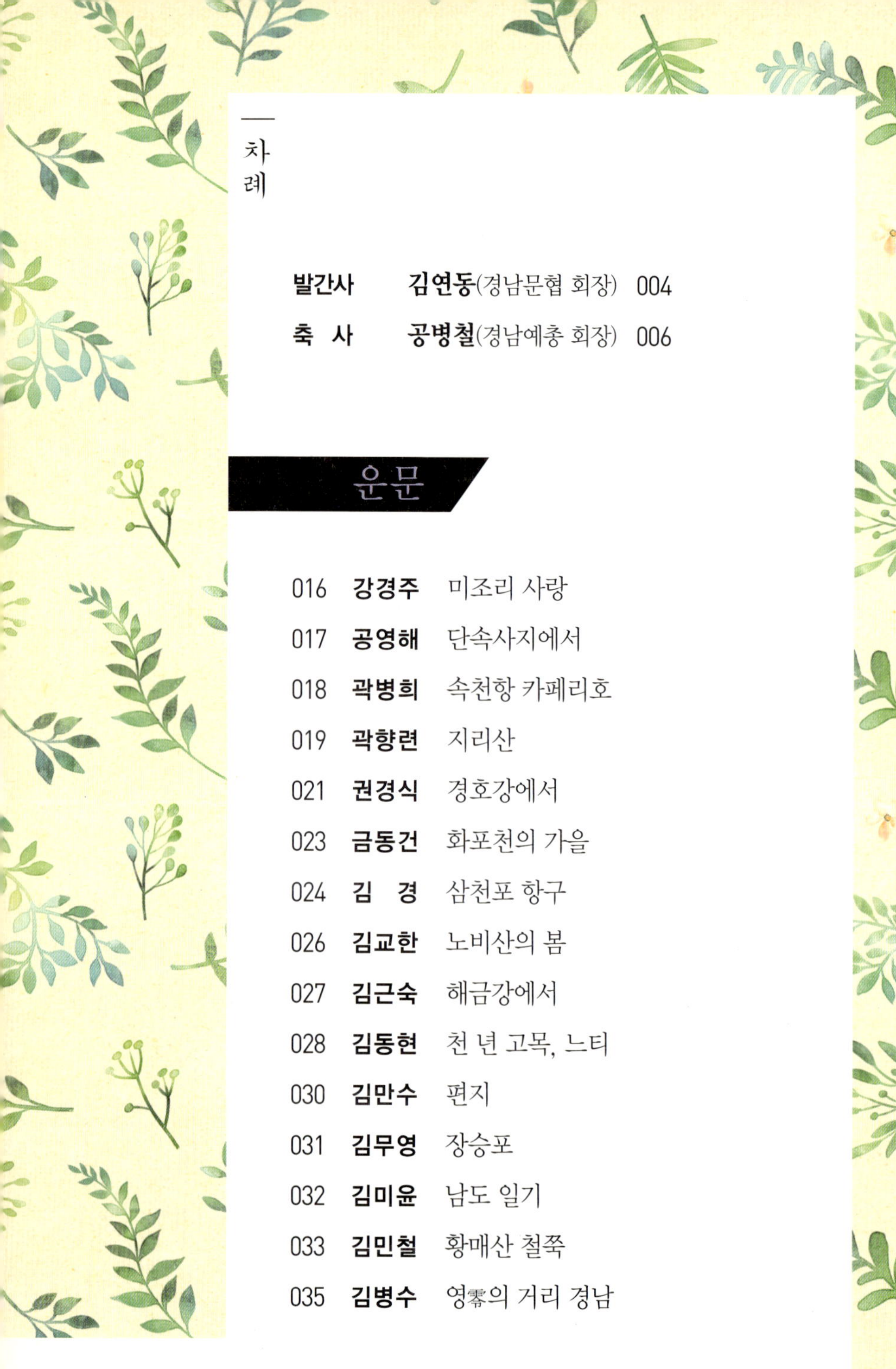

차례

운문

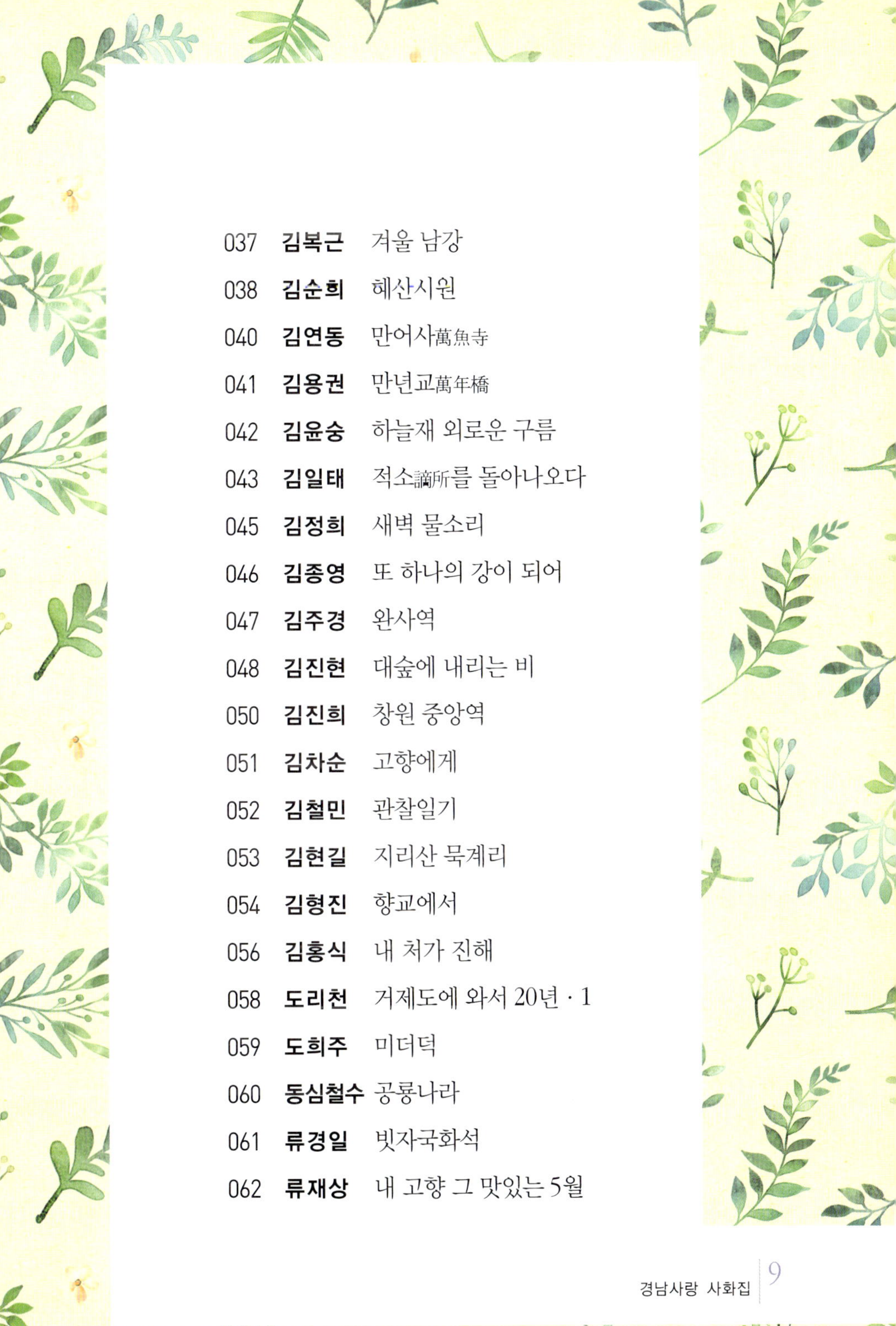

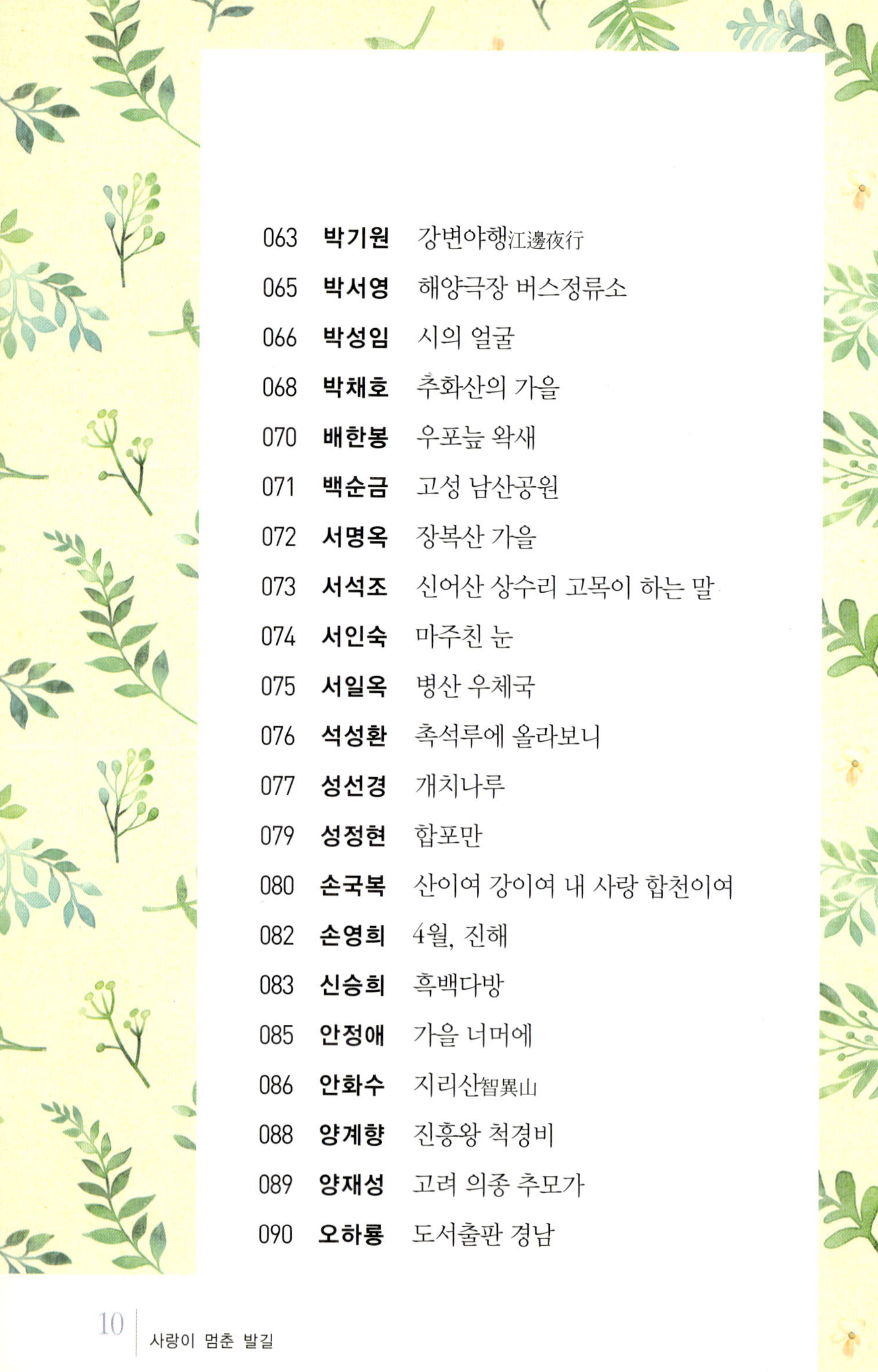

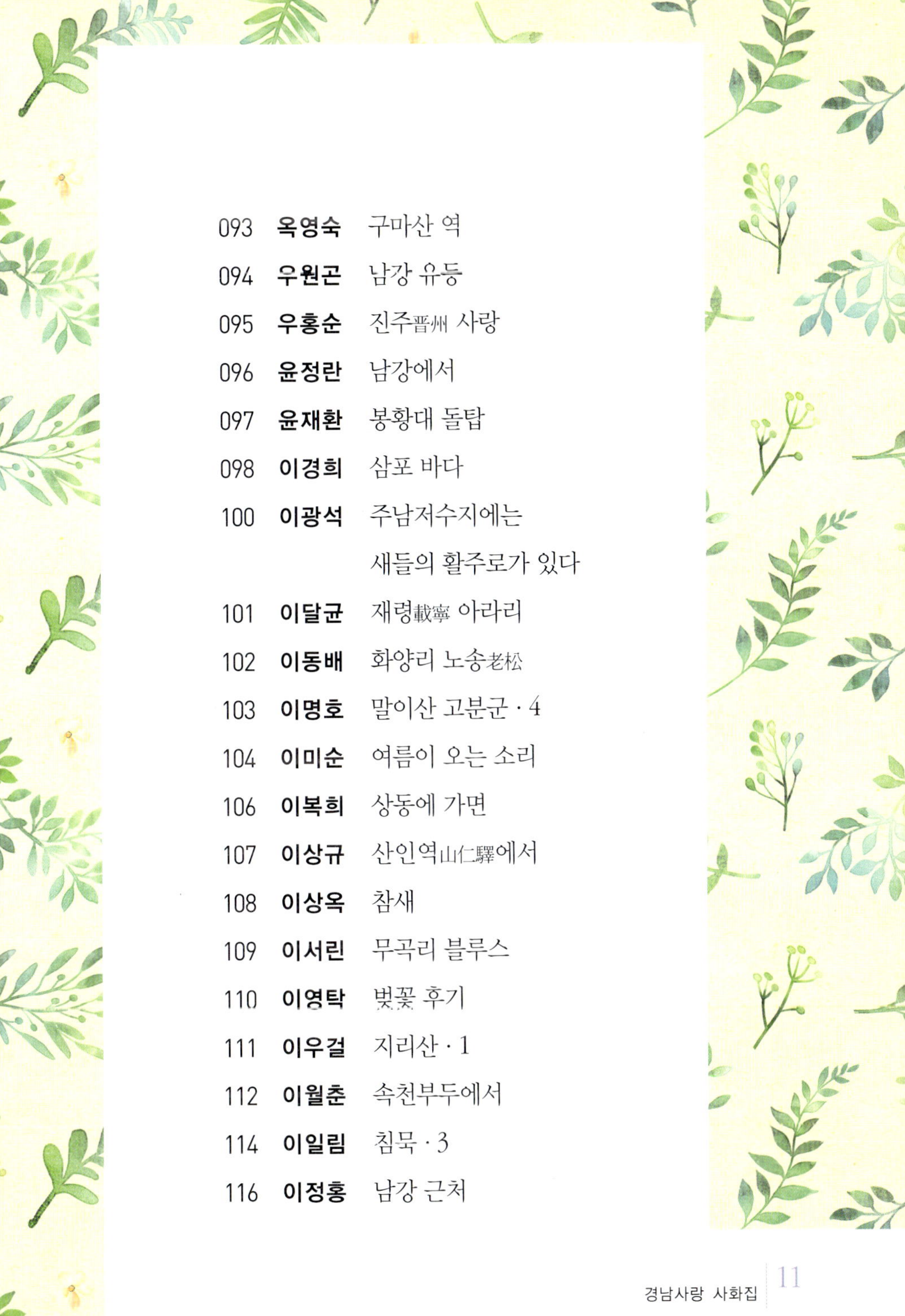

산문

운문

강경주 공영해 곽병희 곽향련 권경식 금동건 김 경
김교한 김근숙 김동현 김만수 김무영 김미윤 김민철
김병수 김복근 김순희 김연동 김용권 김윤숭 김일태
김정희 김종영 김주경 김진현 김진희 김차순 김철민
김현길 김형진 김홍식 도리천 도희주 동심철수 류경일
류재상 박기원 박서영 박성임 박채호 배한봉 백순금
서명옥 서석조 서인숙 서일옥 석성환 성선경 성정현
손국복 손영희 신승희 안정애 안화수 양계향 양재성
오하룡 옥영숙 우원곤 우홍순 윤정란 윤재환 이경희
이광석 이달균 이동배 이명호 이미순 이복희 이상규
이상옥 이서린 이영탁 이우걸 이월춘 이일림 이정홍
이종만 이주언 장미애 장인숙 정강혜 정동교 정삼희
정선호 정유미 정현대 조경석 조재영 조종명 주강홍
주선화 차영한 최경화 최두환 최석균 최순용 최영욱
최재섭 표성흠 하순희 하 영 허상회 홍진기 황규홍
황시은

강경주
1984년 《현대시조》 천료
시조집 《노모의 설법》 《묵계》 등

미조리 사랑

삶이 너무 숨가쁘면
마음을 유배 보내는 곳

꽃뱀 같은 해안길 따라 미조리에 가 보시라
파도가 가슴을 치다
쓰다듬어 주는 곳

포구의 한숨 소리 수평 너머 잠재우고
품 안 가득 차는 밀물 늘 설레는 미조항彌助港
선잠 깬

애기동백꽃이
빠알간 울음 우는 곳

우연히 서로 보듬고 하루 종일 뒹굴어도
몽돌같이 둥근 마음
아프지 않은 우리 사랑
머나먼 그대 그리움이 쓰나미 일어 닿는 곳

공영해

1999년 《시조문학》 등단
시집 《모과향에 대한 그리움》, 시조집 《낮은 기침》《천주산, 내 사랑》 외

단속사지에서

시간의 푸른 비늘 등 돌려 떠난 자리
돌아서 에울 소망 탑은 서서 그리움이다
하늘은 구름 불러다
산마루를 닦는 날.

휘어져 인가에 닿을 길은 마냥 하나인가
개망초 예까지 와 흙먼지를 털고 있다
상기도 도랑물 소리
경을 외며 흐르는데.

밀려난 세월의 타래 매화낡을 감고 올라
여윈 팔 가지 당겨 청매실을 헤아린다
못 끊어, 연緣을 못 끊어
청매실을 헤아리다.

곽병희

2003년 《한국문인》 등단

속천항 카페리호

속천부두에는
그럭저럭한 집 맏며느리 같은 여자가 산다
신호위반, 과속, 추돌……
이따금 일탈을 꿈꾸던
남편과 아이들의 역마살을 뱃전에 부셔버리며
먼 곳 섬의 해풍에 날려버렸던,
이제는 가고 싶어
애기가 되어버린 내 사랑*
행여 놓칠세라 정성으로 다시 품어 돌아왔던,
황포 돛배 지나간 길목 따라
엔진 소리 짙푸른데 고동 소리는 아직 구슬프네
먼 수평선 위에 거가대교 두둥실 뜨면 거두어지리
다도해에 떨어지는 눈물방울, 방울, 방울

*대중가요 중에서.

지리산

어리석은 사람이 머물면
지혜로운 사람으로 달라진다
하여, 붙여진 이름 지리산
웬만큼 산을 좋아하는 사람이면
몇 번씩 다녀왔다는데
내게는 스무 해 전 노고단의 무릎까지
힘들게 올랐던 희미한 기억뿐
그곳에 뭐가 있을까
소설에서나 읽었음직한 청춘들의 사랑
우리의 붉은 역사 말고 또 무엇이 살고 있기에
사람들마다
아, 지리산 지리산
지리산에 가볼까?
슬며시 말을 꺼내보지만
모두들 다녀왔다는 말
그러니까, 나는 뭐든지 늦은 셈이다
사랑도 늦었고 배움도 늦어
이제야 만학을 하는 나이
세상의 이치를 깨닫는데도 수십 년

곽향련
2004년《문예사조》, 공무원문예대전 시부문 은상 2회, 동상 1회
시집《파손주의》

아직도 지리산을 제대로 만난 적 없으니
나는 어리석은 사람
마흔 넘어 아하, 내 무릎을 친다.

권경식

2005년 《월간문학》 및 월간 《문학세계》 등단
시집 《도시의 가면》

경호강에서

지킬 게 거짓뿐인 세상을 빠져나와
문득문득 눈에 밟혀오는 옛일들,

보슬비가 집을 짓는 고을마다
새벽 고요가 산허리 구름으로 두르고
강가 바람은 돌아갈 때를 기다리면서
개구리 소리 잠재우며
아침 미몽 속에서 잠잠했다

그리운 것을 그리면
오늘이 불행하다는 건
지낼 날보다 지내온 날이 많아서일까

꽃잎이 꽃의 기억으로 파닥거리며
화려한 그 고운 교태
연초록 앞에서, 무참하게 초록 빛깔로 물들어갈 때
낯술로 알딸딸해져 땡전 없던 그 옛날,
흰 김이 피어오르는 골목에 떠밀려
한마디로 입구 없는 삶이었지만

어느 먼 시절 살림살이로 허덕이던 아내 얼굴
모든 것을 취소하고 싶었던 그 시절 아득할 때
지금 너에게로 가서
무슨 뜻인지 모르는 웃음 실실거리며
무지갯빛 종소리로 귓속말 들려주고 싶다

알량한 여생 여기서 거덜 냈으면

새로운 첫날밤이 다시 밝아오려나

화포천의 가을

금동건

2006년 월간《시사문단》등단
시집《자갈치의 아침》《꽃비 내리던 날》

수초의 흐느낌도
부들의 춤사위도 잠시
오는 손님 눈웃음으로
가는 길 객 따뜻하게
화포천은 엄마 품속처럼
모두를 품으며 가슴을 내어준다

하늘을 나는 기러기도 가창오리도
백로도 왜가리도 까마귀도 고니도
가슴으로 받아들이는 화포천의 포용

부엉이바위에서 들려오는 풍년의 노래
하늘은 푸르고 화포천은 모두를 품으니
만추의 수채화가 되어 안구가 호강한다.

김 경

1998년 개천문학상, 1999년 경남신문 신춘문예 등단
시집 《악보》《연애》《삼천포 항구》

삼천포 항구

삼천포 선창가 삼진여인숙 앞 동백은
해풍에 흔들리면서 핀다
서러운 시 한 구절 같이 서럽게 핀다

전어 밤젓 파는 아지매들 앞치마에 삼천포 아가씨 노랫말이
붉게 묻어나고, 새벽 어시장에서 리어카 커피를 파는 초등학교 친구
춘식이 집사람도 빨간 커피를 팔고 있다
한 그릇에 천 원 받는 선창가 보리밥집 앞에도
짭짜름한 봄이 들어앉았다

용궁수산시장 찾아오는 아침 첫 갈매기 같은
형제상회거나,
돼지언니네 초장집 같은 어시장 골목마다
알가자미와 봄도다리와 노래미가
달뜬 바다의 슬하에 들락날락한다

대여섯 살 아이들까지 혼잣말하는 바다를
주머니에 넣고 다니는 삼천포

봄 한철의 모시조개 속에
몇 묶음의 꿈을 놓은

은사시나무처럼 부지런한 항구의 사람들이 있다

김교한

1966년 《시조문학》 3회 천료
시조집 《대》 《미완성 설경 한 폭》(현대시조 100인선) 《잠들지 않는 강》

노비산의 봄

좀처럼 허물지 못할 외로움의 기둥이었다

아득히 잃어버린 그리움의 아픔이었다

집요한 꽃샘바람을 넘는 기다림이 있었다.

김근숙

1959년 여원문학상
저서 《밤과 사랑의 의미意味》《그리고 그 겨울비》《혼자이게 하소서》《오래된 원고》

해금강에서

우거진 동백 숲 영혼 깨워 가는 길
팔색조 이름 따라
바랜 가슴 채색하고

그대 오래 놓았던 손
다시 잡아 온기를 느낄 때
벼랑에 꽂힌 해송
돌아서 일은 체하네

깊이 따라 달라지는 물 빛깔에
하얀 손수건 담갔다가 건져내면
아, 그건 내 생의
언제 적 순수의 색이던가.

산다는 이야기는 갈매기 날개에
끼룩끼룩 부쳐 버리고

볕바른 낮은 돌담 안으로
고만고만한 정들을 모아가며
그대여
우리는 세상 모르고
핏빛 동백으로 피어 볼까나.

김동현
시집 《이쑤시개꽃》 《사계의 미토스》
저서 《한국 현대시극의 세계》

천 년 고목, 느티

— 통도사

낙엽송 비 맞은 길 솔향 맡으며
천 년 고목 참배하러 간다.
낙엽우 흩날리고
돌개바람 하늘길 비상할 때
맹동지孟冬至 통도사에 서면,
우우- 쥐떼 몰리듯
낙엽, 서천으로 구르고
계곡에선 폭포수 되어
눈 시리게 나리나니

금강단 계 받아 출가할거나

반월교 곁 일주문
오롯한 천년 고목,
세월의 이끼 가사袈裟 삼아
번뇌의 가지 아프게 분지르다가
구멍 뚫린 추억은 회반죽으로 메우고
계곡 물과 함께 천년을 흐르기도 하다가
호젓한 무풍한송 다 지나고

어느 인연에,
해무리 내리고 새잎 곧 나거든
우담화 한 송이 피어도 날 터이지.

김만수

1976년 《국제신문》 시, 1996년 《문예한국》 시조 등단
시조집 《고인돌에 부는 바람》 외 3, 저서 《정지용 시의 연구》 외 2

편 지

— 月下님*에게

고인돌(立石)*
무게만큼

한
마음
다졌을까

한
세상
무건 짐
벗고

서방정토西方淨土
안식처,

아직도
깊으신 한숨

쏟아 놓고
계실까.

*월하 : 김달진 시인님 호.
*고인돌 : 현 창원 남중 교정에 있음.

김무영
1984년 《한맥문학》 등단
시집 《그림자 연서》

장승포

망산에 서면
왜구를 무찌르던 함성
물결 지어 오고 있다
삶의 터전을 수호하기 위해 던진 영혼

양지암 몽돌개 총바위 곳곳에
일장기 꽂고 겨레의 숨통을 조인
저 무리들 대항하여
들리는가! 그 한의 절규

저 흥남에서 만선이 또 되어
울부짖는 아이들 만삭 아낙 목숨도
다 받아 안은 어머니 품
받아들이고 구하라

선조들 거룩한 희생
저 한바다 너머로
꿈을 실어 나르는
아! 장승포

김미윤
1986년 《시문학》 추천, 《월간문학》 등단
시집 《녹두나무에 녹두꽃 피는 뜻》 《흑백에서》 외, 사화집 《무신의 오후》 외

남도일기

쏟아지는 별빛에 온몸을 내맡기고

물빛 든 남풍 따라 우포늪길 걷는 날

나는 너일 수 없고 너는 나일 수 없고

저 비켜선 세월의 푸른 등고선 아래

끝내 접지 못할 호젓한 맘 추스르면

산수유 철 느직이 봄밤을 밝히나니

황매산 철쭉

김민철

2009년 《시사문단》 등단
시집 《행복한 사람》

돛대바위 기암괴석
모산재에 올라서니
하얀 물안개 바다 위
노 저어 배 놀듯

너른 산 평원의 분홍 꽃이
천혜 융단을 깔아놓고
깔깔깔 몽환의 나부처럼
자유를 노래합니다.

무심코 따라온
눈 커진 머슴애는
벌어진 입을 실룩실룩
봄바람 꽃향기에
발을 헛디뎌 넘어져도
마냥 좋다고 웃습니다.

'아름다운 산도
그것에 사로잡히면
저잣거리가 된다.' 하였으니
사랑도 과하면 병病이 됩니다.
산山은 도시가 되고
도시는 섬이 됩니다.

김병수

1992년 《문학세계》 등단
시집 《그리운 나날》《당신의 사랑은 지금 어느 계절을 지나고 있습니까》

영零의 거리 경남

한반도의 남단
경주와 상주의
머리글인 경사를 숭상하여
경상이라 하였다네.

그 남도의
옛 아라가야를
사랑할 수밖에 없음은
다 함께 편히 사는 땅이
나의 안태본이기 때문이네.

젊은 피땀 쏟아
사랑의 꽃 피운 자리에
자식농사도 튼실한 열매로 빛나고
겹겹이 쌓여간 시간의 거울 속엔
생기 든 관상의 한 사내가
뿌리내려 산다고 위세 떨고 섰네.

군북 와룡정에서
법수 악양루까지
흐르는 물굽이는
젖줄 같은 내 영혼의 동맥으로
잠시라도 떠나가면
죽는 줄 알고 되오고픈
내 마음속 영의 거리
경남의 탈을 쓴 불매선원에 산다네.

겨울 남강

젊은 날 한때 나의 핏줄은 투명하여
세상 모든 것을 담아낼 수 있었다.
물무늬 숨 가쁜 삶을 걸러낼 수 있었다

수직으로 이는 파문 속 보인 내 가슴엔
고갯마루 넘어가는 저녁 해 머문 자리
달리다 지친 세월이 별무리로 뜨려는가

고향 강, 너 없으면 나는 겨울이다
그리움 깊이만큼 그림자 길게 내려
언젠가 돌아가야 할 내 마음이 흐르고 있다

김복근
1985년 《시조문학》 추천완료
시집 《새들의 생존법칙》 외, 동시집 《손이 큰 아이》, 논저 《생태주의 시조론》 《노산시조론》

김순희
2003년《문예시대》등단
시집《차 익는 소리 들리는가》《차 한잔 우려두고》

혜산서원*

임* 향한 일편단심
벼슬길 마다하고
고향땅에 칩거하며
오로지 학문에만 전념하신
격재 선생*을 기려 세운
옛 이름 서산서원

예부터 차나무 많은 다원동에
일직 손씨 오현五賢을 한자리에 모셔
혜산서원으로 거듭났네

너른 마당 한쪽에 600년 된 차왕수
손씨의 내력과 시간을
푸른 잎에 달고 오는 이를 반기네

노수에서 작설잎 한 줌 따
전사당에 헌다하고
차왕수에 고수레를 하네

어디선가 부채바람 일어 돌아보니
쪽문으로 산바람 한 자락 지나는 소리
너른 강당을 채우네

연지에 핀 백련 두 송이
고고한 군자향을 뿜고
연향은 차나무 담 넘어 솔밭으로 날아가네

세월이 무상하다 하나
꽃이며 나무들
여기저기서 두런두런
선비들 글 읽기 대신하고

무심한 잡초와
마당에 내려앉은 구름 그림자는
그저 허허롭게
옛집 마당을 지키고 있네

*혜산서원 : 밀양시 산외면 다원동에 있는 서원.
*임 : 단종 임금.
*격재 선생 : 손 조서.

김연동

1987년 경인신춘 당선과 《시조문학》 천료, 월간문학 신인상 등으로 등단
시조집 《저문 날의 구도》《바다와 신발》《점묘하듯, 상감하듯》《휘어지는 연습》 외

만어사萬魚寺

환한 빛 부처 마음 물속까지 미쳤을까

물개 떼 바다표범 다투어 몰려와서

죽어도 죽지 않은 삶

그 길을 열고 있네

가파른 산비탈에 물굽이 일어서고

만어萬魚는 보살 되고 물이랑은 경전 되어

말 없는 만어滿語의 바다

너덜겅 극락이네,

김용권

2009년 《서정과현실》 등단
시집 《수지도를 읽다》

만년교萬年橋*

내 몸이 물들면 너의 반이 보일까

다리 위에 서면 물아래 길이 열리네

저 아득함 속으로 가면 무지개 핀다는데,

단단한 무지개다리 함께 건너도 좋겠네

푸른 도랑물 일어서서 몇 번을 덮쳤던가

꽉 맞춘 돌의 이빨 궁륭처럼 깊었네

무너지지 않을 사랑 하나 만년교에 걸어보네

너와 나 둘이라면 홍예虹霓를 따라

백 년만 꼭 걸어가겠네

*만년교 : 경남 창녕군 영산면에 있는 조선시대 아치교. 보물 제564호.

하늘재 외로운 구름*

하늘재 외로운 구름 웃는 모습 온화하다
살구꽃 피는 마을 잔칫상이 풍성하다
일곱 해 별들의 전쟁 시낭송의 제국이다

하늘재 외로운 구름 바다에 도장 찍다
명랑한 분위기에 연꽃이 설법하다
꽃비가 내리는 마당 시낭송이 한창이다

하늘재 외로운 구름 삼천리 흘러가다
바다 구름 달 그림자 소미성 별 빛나다
남녘에 빼어난 석대 우국 은자 서성이다

*하늘재 외로운 구름 : 함양고호 천령군 태수 고운 최치원 선생.

김일태

1998년 《시와시학》 등단
시집 《부처고기》 외 6권

적소謫所를 돌아나오다

다음 생의 내가 숨겨져 있다 해서
이생의 나와 만나면 어떨까 궁금해서
청곡사* 찾았지요

칠백 년 전 왕녀의 그림자 드리워진 일주문 앞
어느 생에선가 스쳤을 곤줄박이 마중 나와 있다가
포롱포롱 절집에 이르러 날아갔지요

전생을 기억 못 하는 이생
이생을 기억 못 할 후생
이 다행한 부조리를 짊어지고
학인 듯 방학교訪鶴橋 돌다리 건너갔지요

대웅전 빙 돌아
열의 저승왕들 지키는 업경전* 더듬어 가다가
바깥 기척 살피는
금강역사 장난기 가득한 시선과 마주치는 순간
생각 바꾸어 발길 돌렸지요

이생과 업경에 비친 후생의 다르지 않은 얼굴끼리
안고 쓰다듬어 줄 것 같지 않은
절명의 두려움 문득 들었지요

내생의 나를 두고 타인처럼 돌아오는 길
적막 우두커니 고인 학영지*에 얼굴 비춰봤지요
여러 모양의 내가 포개지고 축약되어
꿈꾸었던 모습과 많이 다른
이생의 모든 과거 품은 허상이 설화처럼 일렁거리며
수면에 답을 알 수 없는 물음을 만들어냈지요

*청곡사 : 진주시 금산면 갈전리 월아산 자락에 자리한 신라시대 창건 고찰.

*업경전 : 중생들이 생전에 쌓은 업을 사후에 심판하는 10명의 명부상을 모신 전각. 명부전 지장전이라고도 하며 미래의 모습을 비춰볼 수 있다는 업경 등 유물을 소장하고 있음.

*학영지 : 조선 태조 왕비 신덕왕후와 얽힌 전설이 깃들어 있는, 학의 그림자를 비춘다는 뜻의 아름다운 산중 호수.

김정희

1975년 《시조문학》 등단

시조집 《빗방울 변주》 외 10권, 수필집 《차 한잔의 명상》 외 3권

새벽 물소리

— 형평운동가 강상호*

동트는 새벽 물소리 새벼리* 가면 들린다
칠흑 같은 어둠 헤치며 월아산 해 떠 올리듯
생명의 존엄을 밝혀
무명 깨친 목소리.

얼붙은 얼음장에 봄 햇살이 닿았어라
'일어나라, 일어나라, 새날이 밝아 온다'
샛바람, 벼랑을 감돌며
새 역사를 세우려는데…

'사람 위에 사람 없고 사람 밑에 사람 없다'
그 말씀 남기시고 진주 흙이 되신 님
의암*을 감도는 물처럼
수평水平을 염원했다.

대물림 칼잡이가 패랭이 쓰던 1923년
형평 저울 높이 들고 인권을 부르짖던 님
갓 쓴 이, 패랭이 쓴 이는
한 무게라 외쳤다.

*강상호 : 전국에서 제일 먼저 진주에서 일어난 인권운동인 형평衡平운동의 주모자. 작년에 제1회 형평문학제 열림.

*새벼리에 잠들어 계심.

*의암 : 논개가 순국한 바위.

김종영

2011년 경남신문 신춘문예
2013년《서정과현실》신인상

또 하나의 강이 되어

— 낙동강 유채축제

전부를 떠내려 보낸 애절한 울음소리가
잊을 만하면 범람하던 강물처럼 살아난다
노오란 유채는 피어
그때를 지우는가

객지를 떠돌았던 설움의 옷을 벗고
네 앞에 선 영혼에게 낙동강아 말해다오
바람도 꺾지 못하던
갈대가 피고 졌었다고

남지철교 발아래 또 하나의 강이 된
아찔한 행렬 속에서 벼렸던 나를 찾아
오늘도 유유히 흐르는
칠백 리 강을 본다

김주경

2013년 경남신문 신춘문예, 《서정과현실》 신인상

완사역

기차시간 맞춰서 경운기가 도착했다
지루한 풍경의 입꼬리를 당기며
버젓이 플랫폼까지 나온
할아버지 자가용

적적한 간이역의 깜짝 이벤트인가
꽃무늬 양산까지 받쳐 든 마중길
할머니 더딘 걸음에 반짝 생기가 돈다

지금도 첫사랑처럼 마음이 설레는지
나란히 어깨를 모은 한 몸 같은 뒷모습
한 생의 화양연화花樣年華를 오늘 다시 읽는다

김진현

2005년 계간 《문학세상》 등단

대숲에 내리는 비

언제부터 시작된 소릴까, 늦은 밤 대숲에 흩어지는 젖은 방언들. 사람은 땅을 딛고 살아야 한다고 도끼로 장작을 쪼개듯 힘주어 말하지만 정작 바다를 향한 빗물은 동구 밖 작은 도랑 하나도 건너지 못해 발만 동동 구르고 있을 뿐.

손을 펼치면 살아 따스하게 출렁이는 그리움은 늘 잠든 세상에서 만나게 되는 소망이라서 건너지 못한 도랑 사이 거리가 너무 야속했어. 그래서 언제부터인가 대숲에는 한 평도 못 될 바다를 만들어 놓고 비 오는 날이면 파란 거품을 물고 도랑가를 맴도는 배가 있었지.

촘촘히 하늘을 가려두고 자기만의 세상이다 우기는 비, 소리 없이 내려 까맣게 땅을 덮으면 애당초 저 대숲에는 종이배 하나 띄울 바다가 없었노라고 얼마나 소리치며 도랑으로 달려갔던가. 그 야박한 타박까지 머리맡에 두고 졸린 불빛에 젖은 밤을 말리면 어느새 눈시울이 먼저 마르고 있었다.

그때마다 새벽은 두 번도 없는 듯 서로 다른 그림자를 앞세우고 떠나갔지만 비는 팔짱을 끼고 도랑 건너 대숲에 배만 바라보았어. 얼마 남지 않는 삶의 토막들이 돛대 같은 대나무를 붙잡고 왜 펄럭이는지, 바람 없는 대숲이 저리도 몸서리치게 울어야 하는지, 비는 모르는 것 같았어.

김진희

1997년 경남신문 신춘문예 당선, 《시조문학》 천료
시조집 《내 마음의 낙관》

창원 중앙역

용동 산 32번지 고기떼 다 어디 갔나
첫사랑 건져 올린 역사 깊은 저수지에
그 너른 역사驛舍 지어지고
그 사람은
지워지고

가네
가네
기차 가네
사랑이 울며 가네
끓는 피 뼈를 묻고
가슴 위로 달리며
떠날 자 떠나게 하라
호명하는
중앙역

고향에게

붉은,
고요가 흐른다
탯줄의 기억 아득한
물빛 노을 벼리고 달려온 별 무리 가득
만삭의 배를 터뜨리며 차오르는
합포만*

어미가 된 아이가 팔매질한 물수제비
와락와락 쏟아놓은 봄꽃 엽서로 건너오면
팽팽한 낯선 하루의 꿈을 겨누는 꽃 사월!

기억의 저편을 돌려세운 풀 꽃 별 달
노을 길 술래 잡이
저 홀로 떠다니던
등불 켠 불씨로 남은
아, 환한 날
환한 날

* 합포만灣 : 창원시 마산만灣 옛 지명.

김철민

동시집《고향길》《별과 등대와 꽃편지》《소꿉친구랑 얼굴웃음》
시집《언제나 네게 소중한 당신》

관찰일기

조그마한 콩알
밭에 심은 지
일주일쯤!

볕은 내 온몸을 쬐
커다란 흙덩어리
불끈 쳐들고

콩 싹의 음표
도레미파솔라시도
놀라운 힘
퍽 신기했다

지리산 묵계리

김현길

2005년 《시사문단》 시 · 2014년 《현대시조》 시조 등단
시집 《홍포예찬》《두고 온 정원》

묵계리의 밤은
별들이 하도 많아
유별나게 하늘이 비좁다
달이 뜨면 신선들이
봉우리마다 달빛으로 잉아를 걸고
풀벌레의 노래, 계곡 물소리에 맞춰
그네를 타고 논다
새벽 운무가 골짝을 메울 때면
아하! 맞다
옛날 안견이 몽유도원도를
여길 보고 그렸을 거야
어느덧 나도 신선이 된다.

김형진

1983년 《시조문학》 천료 등단
시조집 《생활 속의 노래》 외 6권

향교에서

— 곤양 향교 명륜당 마루에 앉아 보니

훤히 뚫린 고속도로
예〔古〕를 이은 안식의 터

명륜당明倫堂 당당한 위세
세상 밖을 호령號令하며

곤양 땅 긴긴 역사를
회오리로 여며 쥐고

풍화루風火樓 타던 불길
따라 인〔起〕서기瑞氣 모여

내외內外로 자리한 삼문三門
긴긴 세월 두고 여문

바로 선 참 가르침이
바깥 세상 다독인다.

대성전大成殿 이십 여 성현聖賢
성혼聖魂으로 넘나들어

담벼락 넘는 바람도
문풍지 떠는 소리도

바른 삶 일깨워 주려
저리 분주奔走하여라.

김홍식

시집《은혜로우신 섭리》외 8권

내 처가 진해

아득한 시절
세월의 한 언저리
내 처가는 고이 여문
웅지, 웅신, 완포향 사람들
가슴 가슴을 맞대며
노상 희망 속 정이 흐른
평화론 곰마을
내 처가 동쪽 푸른 바다
제포, 삼포, 안골포
꿈이 서린 바다
아름다운 그 바다에
임진년 왜종의 요란스런 소리
난동을 부리고 노략질 일삼고
정축년 난동을 또 부렸다
하늘 무서운 줄 모르고…

내 처가 어른들
어린 처남 처제들
왜종의 노략질 난동에

안골포 도만호 수군진에서
절절 애끓이며 왜종들에 맞서
그 바다 지키며 피를 흘렸다
가만 뒤돌아 그 바다 보노라면
내 처가 사람들
쉽디쉽어 흘린 눈물
애환 사연의 울음이
함초롬히 고여 있다

도리천

1989년 중앙일보 신춘문예 시조 당선, 1990년 《시조문학》 천료
시집 《고향 가는 길에서》 《진달래 꽃등》 《꽃처럼 향기처럼》 외

거제도에 와서 20년 · 1

묘하여라 묘하여라 인연이 참 기묘하여라
거제도가 내 인연의 땅 될 줄은 꿈에도 몰랐었네
1989년 5월 등에 보따리 하나 짊어지고
거기에 달랑 무엇 하나 달고 쓸쓸히 찾아와
하늘도 설고 사람도 설고 바다마저 낯선 장승포 항구에
홀홀단신 일엽편주 외로운 배 닻을 내렸었네

이제부터 시작이야 친절해야지 성실해야지
만인에게 표상이 되어야지 모범이 되어야지
물 전기 연료 시간 세월 언어도 아끼며
근검절약으로 살아야지 다짐하고 또 다짐했었네
차츰 하늘과 바다에 정이 들고 사람에게도 정들었지만
약수암의 적막은 더 짙게 밀려오고 있었네

미더덕

도희주
2007년 《아동문예》 동화, 2009년 《문학예술》 시 등단

진동 앞바다에서
서로 안아주고 업어주며
밉지 않은 군살
주렴처럼 꿰어놓고

고삐 풀린 바다 향기 위에
넘실거리는 마산의 정까지
덤으로 밀려와
맛의 참맛을 더해 주는데

그대
오돌톨톨 물결 소리 씹어 보았는가
그대
우둘툴툴 파도 소리 느껴 보았는가

봄바다 한소쿠리에
마산어시장 아지매
바다의 봄맛을 입힌다
미드득 사이소, 미드득!

1994년 경남신문 신춘문예, 2005년 《문학공간》 동시 신인상
대학교재 《아동문학의 이해와 교수방법》 외

공룡나라

넓고도 푸른
끝없는 지평선 끝자락을
한가슴으로 안은
상족암 무대는
공룡의 세상.

중생대 백악기
한반도는 호수의 나라였다
공룡의 세상.

그 땅을
지배하던 주인공
그 공룡이
호수 밑바닥 퇴적층을 뚫고
물 위로 머리를
불쑥불쑥 내밀고 있다.

2004년 《매일신문》 신춘문예 동시 당선
동시집 《바퀴 달린 집》

빗자국화석*

가는 비 내리는 날
의령군 서동리에 있는
빗자국화석을 구경하러 갔다

1억 년 전
이 땅에 내려와 찍어놓은
빗방울 할아버지 할머니의
발자국 위에서
비의 아이들이 놀고 있었다

가랑가랑 가랑비
이슬이슬 이슬비로

*빗자국화석 : 경남 의령군 서동리에 있는 화석으로, 빗방울 자국이 찍혀 있다.

류재상

1977년 시집 《감 하나》 발간 등단
시집 36권

내 고향 그 맛있는 5월

한가로운 오후 한나절, 애타는 그리움에 끙끙
앓는 수꿩의 울음소리와
산 너머 저쪽에서
아련히
들리는
뻐꾸기 소리로,
그
하얀 흰 구름 더욱 쫄깃하게
반죽하여, 맛있는 수제비 파란 하늘에 동동
띄우고, 저 5월의 신록新綠
그
활활 타오르는
강한
불꽃 위에서,
어린 새싹들 한창
배고파 파랗게 짜증 낼
때쯤, 하늘냄비 가득 흰 구름 그 하얀 수제비

팔팔 끓이던, 내 고향故鄕 그 맛있는 5월이여!

강변야행江邊夜行

망진산 봉수대* 불기둥 스러진 지 수백 년 전
그때 못다 지르고 오늘에 이르러
강에 모인 초조한 불씨들의 초라한 궐기를 본다
달빛이 물빛에 무너진 남강다리를 건널 때
우리는 한순간 타올랐다 사그라지는
숨 가쁜 가슴에 저마다 불씨 하나씩 품고
이 도시의 전령으로 살아가고 있다
달빛은 누구 손을 잡고 이 험한 세상을 건너는 걸까
바람 멱 감은 버들가지의 허리 잡고 걷는 걸까
강변모텔 네온의 불씨가 무너진 달그림자 붙든다
오늘은 여기서 쉬어가되 내일은 일찍 나서서
지금 너와 나는 꺼져가는 불씨처럼
다소 휘어지거나 흔들리고 있다고 전하라
너는 누구의 서로이며 너는 누구에게 서로인가
서류가 빨갛게 익어가길 잠시 멈추고
서로가 서로의 불씨를 확인하는 이 밤
너와 내가 만나
기어이 지켜낸 절개라도 알릴 수 있을까
나는 누구에 의한 서로인지

저 기름 같은 강물에 뛰어든 불씨처럼 나를 던져
봉홧불을 다시 일으켜 세우고 싶다

*망진산 봉수대 : 진주 망진산에 설치되어 봉홧불을 올리던 곳으로, 조선 시대 만들어져 수백 년 동안 우리나라 전통의 통신수단 기능을 담당하던 곳.

박서영

1995년 《현대시학》 등단
시집 《붉은 태양이 거미를 물다》 《좋은 구름》

해양극장 버스정류소

밤이 왔다, 벚꽃반점을 지나
벚꽃 핀 나무 아래 버스정류소에서 너를 기다린다
바다로부터 온 소식을 읽었다
정류소에서 기다리는 사람은 얼어 있었다
오래 기다리다 보면 통증 대신 추억을 갖게 되리
그리움엔 달이 반환점이 된 지 오래
갈 수 없고 돌아올 수도 없는 시간들
끝나지 않은 이야기를 끝없이 상영하는 극장은
벚나무 가지 끝에 매달려 있었다
막차 끊긴 버스정류소에서 꽃 피고 질 때까지
상냥하게 웃으며 너를 기다린다
해양극장이 있긴 있었을까
이미 끝난 이야기를 끝없이 상영하는 해양극장
먼저 이별을 통보한 사람도 아픈 건 마찬가지다
누설된 이야기를 피해 여기까지 왔다

박성임

1991년 《시조문학》 등단
시조집 《바다가 있는 풍경》 《구절초 닮은 그대》

시의 얼굴

— 마산산호공원 시의 거리에서

길동무 떠나갈 때
방문 거신 어머니
일월의 날갯죽지
꽃가루로 날리고

달 빛살 문틈 사이로 낯익은 목소리

가까이 혹은 멀리서
손짓하는 유년이여
목탁 소리 목이 쉬고
무채색 타는 일몰

내 몸속 어딘가에서 낙하하는 물소리

새파란 부고장에
피어나는 물망초
계절의 푸른 눈빛
그 자리에 있는데

어둠에 걸려 있는 은하수 혓바닥에 쏟아진다

바람의 가지 끝에
아스라이 열린 문
가면을 눌러쓴 채
새것을 유혹한다

한순간 뜨거운 바람 헝클어진 머리카락

박채호

《새시대문학》《현대시문학》 등단
시집 《지팡이에 바퀴를 달고 싶다》《부적》 외

추화산*의 가을

안개가 저인망의 덫을 펼쳐 놓은 것처럼
가로등을 몰아넣고 골목길이 망에 걸리고
고래 같은 추화산성도 포로가 된다
억새는 간신히 날개를 달고 탈출에 성공
재약산의 사자평원 제 집으로 돌아갔다
그물을 올린 남천강은 용의 물머리를 이고
영남루 한 바퀴 돌아 마암산 오르려고
두어 번 솟구치더니 힘이 달렸는지
수중보 둔치에 퍼질러 앉아 노닥거린다

새벽밥 해 먹고 읍내 김 내과에
뼈주사 맞으러 가야 하는 교동댁 할매
안개의 가지를 잘라 숲 속 길을 낸다
인력 시장에서 퇴짜 맞은 박 영감도
하릴없이 산성으로 오를 수밖에 없다
떨어진 낱톨 밤이라도 주우려는지
휘어진 척추를 밤나무 밑둥에 기댄다
지난밤 별을 따려 하늘까지 솟구쳤던
젊은 부부 약수 한 바가지 들이켰지만

아직도 가쁜 숨 몰아쉬는 성터에
선잠 깬 해오라기 한 쌍 화들짝 놀라
가을 한 조각 뱉어내고 날아간다.

*밀양의 옛 이름, 산성 터가 있는 산.

배한봉

1998년 《현대시》 등단
시집 《흑조黑鳥》 《우포늪 왁새》 외, 산문집 《당신과 나의 숨결》 등

우포늪 왁새*

득음은 못하고, 그저 시골장이나 떠돌던
소리꾼이 있었다, 신명 한 가락에
막걸리 한 사발이면 그만이던 흰 두루마기의 그 사내
꿈속에서도 폭포 물줄기로 내리치는
한 대목 절창을 찾아 떠돌더니
오늘은, 왁새* 울음 되어 우항산 솔밭을 다 적시고
우포늪 둔치, 그 눈부신 봄빛 위에 자운영 꽃불 질러 놓는다
살아서는 근본마저 알 길 없던 홀홀단신
텁텁한 얼굴에 달빛 같은 슬픔이 엉켜 수염을 흔들곤 했다
늙은 고수라도 만나면
어깨 들썩 산 하나를 흔들었다
필생 동안 그가 찾아 헤맸던 소리가
적막한 늪 뒷산 솔바람 맑은 가락 속에 있었던가
소목 장재 토평마을 양파들이 시퍼런 물살 몰아칠 때
일제히 깃을 치며 동편제 넘어가는
저 왁새들
완창 한판 잘 끝냈다고 하늘 선회하는
그 소리꾼 영혼의 심연이
우포늪 꽃잔치를 자지러지도록 무르익힌다

*왁새 : 왜가리의 별명.

고성 남산공원

새벽안개 자욱한 가르마길 올라간다
남포항 돌아드는 갯바람 출렁이면
어머닌 유유히 걷는 솔바람이 되셨다

찌든 땀 등에 업고 황톳길 걸어갈 때
맘의 무게 줄여도 여전히 배부른 산
도심 속 솔숲 향기에 힐링 얻는 엄마의 품

어머니 젖줄 따라 일몰이 내릴 시간
고단한 노동 헹구는 발자국이 설렌다
산사에 깔려진 고요 벤치를 덮고 있다

백순금
1999년 《자유문학》 등단
시조집 《세상의 모든 것은 배꼽이 있다》

서명옥

《문예한국》 등단
시집 《삶의 수채화》 외 4권

장복산 가을

풍겨오는 단 내음에
물들인다
잎잎마다
햇빛 끌어당겨
형형색색 자태를 뽐낸다
달아오른다
탐스럽게
미풍에 춤을 춘다
햇볕 쨍쨍한 날
더 탐스럽다
소담스럽다
장복산 가을은
잔잔
소망 삶을 기대케 한다
평온 삶을 기대케 한다

서석조

2004년 《시조세계》 등단
시조집 《바람의 기미를 캐다》 외 1권

신어산* 상수리 고목이 하는 말

한 백 년 됐나 모르겠네요 여기 선 지가
움튼 그날, 하늘에서 이슬 한 방울 내립디다
죽으란 법이 있나요 바위를 악물었지요

그런 뒤 영구암* 스님 한 번씩 찾아와서
짠 눈물방울 방울 실뿌리에 적셔 주면
비아냥 바람이 가끔 흙먼지 덮어 줍디다

그래도 살아남기 과분하단 운명인지
극한의 굶주림에 태풍까지 몰아치는데
아 글쎄 죽어라 옥죄이던 바위가 구해줍디다

이제 정말 품자리 넉넉 날새도 둥지 틀고
물러난 바위자리엔 진달래도 활짝 피니
보세요 모두 날 보고 신통방통 난리인 거

＊신어산 : 경남 김해시의 주산主山.
＊영구암 : 신어산 중턱 소재 사찰.

서인숙

1966년 《현대문학》 수필 등단, 1979년 《현대문학》에 시 발표하며 시작 활동
수필집 《영원한 불꽃》 외 4권, 시집 《조각보 건축》 외 4권

마주친 눈

— 마산

창밖을 바라보았다
높은 아파트 창에 달라붙은
나비 한 마리
그 작은 눈과 내 눈이 마주쳤다
그는 절벽보다 더 무서운 곳에서
언제부터 나의 모습을 일일이 살피고
있었을까
무더운 여름이 지나
가을이 오는데
용케 살아남았구나.
죽음을 다해 붙어 있다
예쁜 눈을 빤짝이며
작은 날개를 팔락이며
그의 눈과 내 눈이 마주쳤다.
그리움을 다한 듯
그 작은 발이 풀밭에
떨어졌다.

병산 우체국

서일옥
1990년 경남신문 신춘문예 시조 당선
시조집 《영화스케치》《그늘의 무늬》《숲에서 자는 바람》

이름 곱고 담도 낮은 병산 우체국은

해변 길 걸어서 탱자 울을 지나서

꼭 전할 비밀 생기면

몰래 문 열고 싶은 곳

어제는 비 내리고 바람 살푼 불더니

햇살 받은 우체통이 칸나처럼 피어 있다

누구의 애틋한 사연이

저 속에서 익고 있을까

석성환

2003년 《한국문인》 시조, 2012년 《아동문예》 동시조, 2014년 《유심》 문학평론 등단
시조집 《모래시계》, 저서 《한국 현대시의 현상적 미학》《선시조에 나타난 공과 불이》 외

촉석루에 올라보니

섬돌 밑 가시나무
옹골진 매미 소리

이울진 오백 년에
함성으로 자라더니

저 물살
파랗게 질렸구나
새빨갛게
흘렀던

성선경

1988년 한국일보 신춘문예 당선
시집《널뛰는 직녀에게》외, 시선집《돌아갈 수 없는 숲》, 산문집《뿔 달린 낙타를 타고》

개치나루

역에서 역으로 떠도는
허튼소리도 짙고 옅음이 있어
행상의 마부들도 다 잠든 별 아래
강의 긴 혓바닥만이
모래톱을 핥다가 산모롱이를 돌아
건너편 언덕을 더듬고
적막이 고여 물오리 늪처럼 존다
우리가 간혹 왼쪽으로
누웠다가 오른쪽으로 돌아눕듯
여기에서 또 여기로
물은 동쪽에서
서쪽으로 몸을 튼다
북두칠성이 둥둥 팔을 걷어붙이고
물에 빠진 달을 건져 올리는 하동
떠돌던 신발들도 다 조는 축대 위
혼자 잠꼬대를 하는 적막은
이미 많이 기울어졌다. 여름밤
잠이 부족한 솔숲은 몸을 한번 후두둑
털고는 다시 숨소리도 가늘게 코를 곤다

역에서 역으로 여기에서 여기로
허튼소리도 짙고 옅음이 있어
구름이 구름을 가리는 밤
물만 동쪽에서 서쪽으로 또 몸을 튼다
꿈속에서도 솟대는 왜가리 잠처럼
외발로 서서 깜짝깜짝 조각별로 놀래고.

합포만

산복도로 올라서면
내 정원이 눈을 뜬다
표주박 같은 창을 남으로 빚어낸

갈매기
전어를 낚아채고
유람선도 뒤척이는

태풍도 휘젓다
지쳐서 닻을 내리고
무학산 오르내리던
바람이 날개를 쉬는

돌섬이
파도 속에서
봄볕을 즐기는

손국복

2001년 《문학공간》 등단
시집 《그리운 우상》 《산에 묻혀》

산이여 강이여 내 사랑 합천이여

가야산 흰 머리 바위
향로봉 자작나무
황매 앞자락 너른 풀밭 위로
태초의 그날
비가 내리고
비 갠 먼 산 위로 찬란한 햇살

큰 산은 깊고 긴 세월을 풀어
온누리 적셔 내는 황가람 이루고
역사보다 영롱한 금모래 탑을 쌓는다

긴 강물 굽이도는 마을 언저리에
도란도란 정겨운 웃음이 피고
청대 쟁쟁한 대숲마을 지날 때면
기개 높은 선비들의 도포자락 서늘한데
풍요로운 핫들에 쏟아지는 풍년가

천 년을 한결같이
지란으로 살아온 터

형형색색 고운 때깔 몸짓으로
어여쁘게 모였구나
빨강, 노랑, 초록, 자줏빛
열의 열, 백의 백, 서로 다른 꽃들이
야생화 지순한 사랑으로 피었구나

대장경에 아로새긴 자비의 마음이여
대야성 외호하는 죽죽의 혼이여
남명, 내암, 지조 높은 선열의 기상
천 년을 건너서 가슴에 저며 오는
우리 땅, 우리의 혼불
대야여 합천이여 내 사랑이여
꽃보다 영롱하라
산보다 드높아라
강처럼 영원하라.

*시집 《그리운 우상》《산에 묻혀》

손영희
2003년 매일신문, 《열린시학》 등단
시집 《불룩한 의자》 《소금박물관》

4월, 진해

차마 눈이 부셔 대면하지 못하겠습니다

호시절이야 잠깐이니 아쉬울 것 없습니다만

대문 밖 상춘의 계절이

치매 앓는 노모 같습니다

꼭 이맘때 명치끝에서 울컥, 치밀어오는

오래된 지병이 제 처소를 떠날 줄 모르니

바람에 실려 온 꽃잎이나

세어볼까 합니다.

흑백다방

세월이 흘러도
흩어질 수 없는 마음처럼
그 시절 그 노래가 있다
스마트한 시대 급물살에 휩쓸리는
빠른 걸음걸음들 상관없이
도심 속의 한 모퉁이 흑백다방

육십 년대 이름 그대로
들녘의 핀 들국화처럼 향수를 안고
그 시절 유일한 가슴으로 남아
애틋한 눈으로 바라보게 한다.

검은 작은 글의 간판은
한 번도 화장을 하지 않은 얼굴로
노파의 등같이 구부정한
낡은 입구 대문 위에서
늘 비에 젖고 바람을 맞는다.

신승희
2009년 《한국문인》 등단
시집 《어머니의 강》

수많은 비밀 간직한 채
먹먹해서 오히려 좋은 흑백다방
세월도 간혹 머물다가는
우리 시대 문인들의
구름 같은 공간

사월이 오면
벚나무 가지 망울져 올라
그 앞에 두 개의 맷돌이 더욱 운치 있을
진해 중원로터리 흑백다방

안정애

2005년 《시조문학》 등단
시사집詩寫集 《꽃등》

가을 너머에

물보라 일어나는 해질녘 호숫가에
왜가리떼 부산한 이야기가 조약돌에 맺혀
수면 위 동그라미 파문에 저어새 친구들은

초롱한 반짝눈 맑은 뜰 석양이 내려앉아
어미새 노란 부리 진한 맛 먹이 새겨
동그라미 인생길 따라 아롱진 가을 저 너머

안화수

1998년 《문학세계》 등단
시집 《까치밥》 《명품악보》

지리산智異山

품이 그렇게 넓은 줄 몰랐다
셀 수 없는 빨치산 여기저기 솟았고
항일 운동 피 끓는 애국심도 스며들어
여전히 민족의 한 가득 품고 있으니
세상에 너만 한 산 또 있을까

음지도 양지도 한쪽으로 기울어짐 없이
찾아드는 사람마다 보듬고 살아간다
남녀노소, 쫓고 쫓기는 자 가리지 않고
계급장 떼고 평등하게 대해 주니
나도 너른 가슴에 안기고 싶다

누구든지 손잡는 붙임성도 좋구나
네 키 높은 만큼 골이 깊어
남강 윗물 되어 낙동강 만나고
마이산에서 흐른 물과 어울려 섬진강 만드네

흔들리지 않는 시대의 버팀목,
만인의 사랑 지리산아,
너만은 알고 있겠지
역사의 칼자루 어느 쪽에 있는지
칼날 세워 따끔하게 말해다오

진흥왕 척경비

1990년 《시조문학》 등단
시조집 《백비白碑 앞에서》

긴 역사 간직한 채 지켜선 지 얼마던가
비바람에 깎인 비문 그 뜻은 모르지만
둥둥둥 들리는 듯한 서라벌의 북소리

백성들 사는 모습 이리저리 살펴보러
찾아오신 높은 뜻이 비석으로 남았는데
한 무리 고운 들꽃이 외로움을 달래주네

2002년 《한국시》 등단
시집 《나무의 기억은 선명하다》 외

고려 의종* 추모가

서라벌 천년 영화 에밀레종 울음하고
까마귀 날갯짓에 석류처럼 갈라진 터
황룡사 소나무 깎아 고려 왕조 세웠나니

나라를 다스림에 칼과 붓이 다를까만
문무간 패인 골이 봇물처럼 터져나니
곤룡도 움직임 멎고 핏빛으로 흐느낀다

거제도 둔덕기성 위리안치 유배 삼 년
키워오던 복위의 꿈 피우지도 못한 채
한 줌의 역사 속으로 저물어 간 의종 임금*

접동새도 정과정도 임 그리매 함께 울던
주인 잃은 성벽은 이끼 덮고 몸 졌는데
견내량 파도 소리만 가신 넋을 달래는가

* 의종은 고려 제18대 임금으로 정중부 등에 의한 무신정변으로 거제도 둔덕기성(폐왕성)에 약 3년간 유폐되었다가 경주로 나가 복위를 꾀하였으나 실패하고 죽임을 당하였다. 〈정과정곡〉의 작가 정서(호 : 과정)와 의종이 거제에서의 조우를 내용으로 하는 창작무용극 〈거제의종 폐왕무〉의 소재이기도 하다.

오하룡
1975년 시집《母鄕》등단
시집《잡초의 생각으로도》외, 동시집《아이와 운동장》, 시선집《실향을 위하여》

도서출판 경남

보라 '도서출판 경남' 이란 간판을 1985년 5월 6일 마산 구석지에 처음 달 때 그대들은 말했지 "어디 이름 지을 것 없어 '경남' 이라 하는가. 서울은 물론 전국에서도 뜨기 쉬운 좋은 이름 흔하고 많은데 촌티 못 벗고 경남이 뭐야!" 그래도 그런 경남 간판 유지하며 어느덧 30수년 세월 엮었다

처음에는 서성동 "부민산부인과 옆 건물" 하면 쉽게 찾게 해주더니 그 병원 늙은 여의사 세상 뜨며 병원 없어지자 잠시 난감해진다. "마산 전화국 골목 오르막 끝나는 지점 왼편에 '동미사' 라는 미용기구전문상점 있고 맞은편에 이우홍 비뇨기과의원 보입니다. 오른쪽으로 돌면 두 집 건너 빠리안경 그 2층은 그 유명한 강안과 의원" 어쩌고 복잡하게 설명해야 찾아오는 곳

"옛날 장내과 있던 자리" 하면 "아, 거기" 마산 오래 산 사람은 금방 알기도 하나 "지금 장내과 있는데서 북쪽으로 오르막길 조금 가면 모서리 건물" 해도 당신은 약간 퉁명스런 음성으로 "어디요? 어디요?"하는 출판사. "그럴 것 없이 그냥 전화국 앞으로 오십시오. 제가 거기로 나가겠습니다. 끝내는 이

렇게 하여 당신을 모셔오는 출판사

경남에 처음으로 전국체전이 열릴 때 일괄 도시 정비 차원에서 급하게 지어져 담은 없지만 벽은 있는 낡은 3층 건물 2층 '도서출판 경남' 조그만 나무간판은 고성의 재주꾼 소설가 이상태가 출판사 주인과 경진 갑장이라고 마음먹고 정 듬뿍 담아 걸어준 그냥 간판 아닌 전각 작품이다

누가 기억하랴. 이 작은 사무실에서 그동안 700여 종 발행 실적에 배포된 책이 60~70만 권에 이르고 있다는 사실. 아무도 말하지 않더라도 이 책은 우리 지역 사회 각계각층에 파고들어 우리들의 정신적인 재산으로 산처럼 축적되어 우리를 살찌우고 있는 사실을

그대들 보라, 이제 눈 비바람 맞고 폭삭 사그라져 노인 얼굴 같이 된 나무간판 아래 오래되긴 해도 여전히 쪼들려 한 번씩 그때 친구들 만류할 때 못 이긴 척 이름이라도 근사하게 붙일 걸 그랬나? 때늦은 갈등도 슬슬 느끼는 어깨 짜부라진 늙은 출판사 주인 드나드는 모습 아직은 볼 수 있는 집

이 집을 떠나 이제는 추산동 옛 중앙극장 옆 제법 번듯한 건물 오랜 가구점 2층에 자리 잡고 간판도 작기는 하나 스텐으로 새로 달고 도서출판 경남 간판 아래 열심히 들락대는 사람들 있나니 이제 재산이 더 늘어 펴낸 책이 1000여 종에 두 권씩만 보관해도 2천여 권이 넘어 서가가 비좁아 고민할 정도 된 출판사 하나 있는 듯 없는 듯 숨 쉬고 있나니

옥영숙
2000년 매일신문 신춘문예 등단
시집 《사라진 詩》

구마산 역

보리밭을 질러가던 선로가 밀려나고
들판은 짓이겨져 슬픈 풀내 흘렸으나
쉽사리 차려 자세로 아스팔트는 깔렸습니다

구기자 꽃가지 거느리던 철둑가는
침목의 멱을 잡고 삶의 끝을 당겼으나
철없이 뛰놀던 꿈까지 뿌리째 뽑혔습니다.

들앉은 기억 속에 기적 소리 울리는데
모른 채 입을 다문 육호광장의 숨은 내력
그 여름 놓친 기차는 외갓집을 지나갑니다

우원곤
2003년 《한국문인》 신인상 당선, 2004년 창원 《시향》으로 작품활동
시집 《비탈진 잠》(8인 공저) 외 1권

남강 유등

새가 등만 남기고 사라졌다.
불 밝히는 등과 사람의 등이 헷갈리는 다문화 가족도
그 등을 함께 띄운다
등으로써 삶과 죽음을 알리던
등이 새처럼 둥둥 날아간다
아니 둥둥 떠간다고 그 일생을 물론 다한 것은 아니다
살아 있는 자를 포옹하는 것, 감싸 안는 것
그 등은 누구의 따뜻한 안식처, 보금자리
비상을 꿈꾸는 것 불 밝히는 것
아버지 아버지는 그랬다
여기 등이 있다고 불 밝히라고
현실은 꿈이 사라지듯
느닷없이 푸드덕 날아가 버리지는 않는다고.

우홍순

1994년 《시조문학》 추천 등단
시조집 《견하장》 외 4권

진주晋州 사랑

— 임진왜란을 유등축제로

진 빠지게 겪은 난리 죽살이친 7년 고난
뺏기고 찾던 나라, 잔악한 야만 왜구들
누대로
맺힌 응어리
남강 물에 씻고 씻고.

되갚음 있었지만 참고 견딘 가슴앓이
켜켜이 쌓인 한을 한恨으로 녹이고 녹여
온 인류
즐길 문화유산
등재할 꿈꾸고 꾸고.

못 봐줄 마구잡이, 꽃밭으로 가꾼 아량
하늘이 졸도하다 손뼉 칠 진주 큰사랑
금세기
눈부신 유등축제
온 누리 함께 누리네.

윤정란

1983년 《시조문학》 등단
시조집 《푸른 별로 눈뜬다면》 《꽃물이 스며들어》

남강에서

사람과 혼령들이 함께 사는 남강에
오뉴월 둥근 해의 초록 꿈이 흐른다
벼랑가 짙푸른 이끼 두들기는 종소리.

진주성에 오르면 눈 못 감은 선열들이
댓잎 소리 사운대는 강이 되어 살아나고
의암은 의연히 앉아 사는 뜻을 묻고 있다.

남강에서 정든 지 수십 년이 흘렀어도
첫날에 깨우치던 강물은 출렁출렁
언제나 길을 나서면 실핏줄을 퉁긴다.

윤재환

1997년 《시 · 시조와 비평》 및 1998년 《문예한국》 등단
시집 《어머니》 외 6권

봉황대 돌탑

경치 좋고 풍경 좋은
봉황대 콧대담 위
그 위에 오른 사람들이
소원으로
하나씩 돌을 얹었다
이 사람 저 사람
소원만큼 돌이 쌓이고
하나하나 포개어진 돌처럼
소원이 쌓였다
이 손 저 손
생각의 힘으로 쌓인 돌이
어설프지만
아름다운 돌탑이 되었다
엉성하게 쌓인 돌탑 앞에 서서
마음 졸이며 겨우 돌 하나 올리고
또 소원을 빈다
그렇게 아름다운 소원이
작은 돌탑을 지켜간다
우리의 희망으로 쌓인 돌탑은
누군가의 염원을 지켜주는 듯
햇살 아래 눈부시게 빛나고 있다

이경희

1995년 《진해문학》으로 문단에 나옴, 1999년 《한국문인》 등단
시집 《우리 사랑 들꽃처럼》, 수필집 《얘들아 정말 잘했어》

삼포 바다

바람 부는 저 언덕으로
삼포노래비*가 사람을 부른다.
사랑도, 청춘도
호안의 바닷길에 서면
인생은 낙엽처럼 곱게 바래진다.
거가대교 현수교 불빛도
희망의 삶의 길에 선다.
명동의 해양솔라파크가
한 점의
밤바다 등대가 된다.

우리는 길을 묻는다.
은빛 바다 짠 물결에
찰랑이는 삶이 무엇이건대
주말이면 강태공이 되는가.
점점의 섬들이 그대를 손짓한다.
음지도, 수도, 소쿠리섬, 연도, 잠도, 초리도, 가덕도……,
해안선이 밤바다에 수를 놓으면
새콤달콤한 선율이 된다.

오늘 밤은 시인이 된다.
달빛에 연인이 된다.

*삼포노래비 : 진해구 명동 삼포 해안에 위치해 있다. "삼포로 가는 길" 노래비이다.

이광석

1959년 《현대문학》 추천
시집 《겨울나무들》 외 10권

주남저수지에는 새들의 활주로가 있다

주남저수지에는 철새들이 연착륙할 수 있는 활주로가 있다 활주로 없이도 수직으로 나는 놈도 있다 청둥오리 · 고니 · 기러기들이 활주로를 박차고 오를 때마다 물안개들이 몸을 낮춘다

새벽이면 자유형으로 단련된 식성 좋은 떡붕어들이 어젯밤에 삼킨 달을 토하고, 저수지 아랫목에 노숙해 있던 수초들이 이빨을 닦는다 학원버스에 실려온 아이들은 관제탑 같은 전망대에 올라 망원경 하나씩 붙잡고 새들과 수화를 한다

물이 물의 뼈와 물의 살로 빚은 물의 다세대주택, 천 년을 동거해도 소유권 시비가 없는 아름다운 생명들의 따뜻한 한 이부자락 주남저수지

평생 날개 하나 달지 못하고 생애의 이륙 한 번 꿈꾸지 못한 갈대들이 오늘은 너의 활주로에 지친 첫발을 내리는 새들의 하강을 유도한다

이달균

1987년 시집《南海行》과 무크《지평》으로 등단
시집《문자의 파편》외, 영화에세이집《영화, 포장마차에서의 즐거운 수다》

재령載寧 아라리

황해도하고도 재령에 가고 싶다
장수산 열두 굽이를 돌아보지 않고서야
누구도 황해금강을 말하지 말라던

단암절, 모음사, 닦아야 보인다는 세심대와 세심폭포, 논두렁도 이쁘고 불러보면 더 정겨운 어러리, 재령나무리, 봉산어러리, 안악어러리 소출 좋은 너른 들 다 팽개치고 두문동杜門洞에서 또 남으로 경상남도 함안군 산인면 모곡리 담장 둘러치고 담 밖 세상이야 조선의 해가 뜨건 말건 고려의 유신으로 살겠다던 모은茅隱 선생* 그 지조, 그 양반 자랑으로 육백 년을 버텨온 일족이지만 내사 물려받은 것이라곤 비장脾臟이 약한 소음체질과 재령載寧이란 본本 하나

그래도 한 번은 다녀오고 싶다 그곳 산세인들 무에 그리 장대하고 울창하겠느냐 딱히 무엇이 그리워서도 아니다 재령강 모래톱에 연한 노동자구 사람들 내나 제나 요령부득으로 중도 못 되고 속도 못 된 그 사내들 자꾸 눈에 밟혀와 눈다래끼가 나는 이 봄날, 그래서 나는

* 모은茅隱 이오李午 : 고려의 유신, 공양왕 때 성균관 진사에 합격하였고, 이성계의 역성혁명으로 조선이 건국되어 두문동 사건에 연루되었다. 이후 남행南行하여 경남 함안군 산인면 모곡리에 〈고려동학〉이란 비를 세우고 크게 담장을 둘러쳐 고려인임을 천명하였다. 지금도 그곳을 담안이라 부름. 본은 재령載寧.

화양리 노송老松*

겉이 늙어 노송老松인가
속이 차서 청송青松인가

심심深深산골 인연 엮어
전설인 양 우뚝 섰다

천년송
숨소리 삭여
서성이던 고샅길

애닯은 연緣을 쫓아
품속에 감싸 안은

인목대비 뒤엉킨 혼줄
구룡목龜龍木 쳐다본다.

일상日常을
훌훌 털고서
승천昇天하는 미목美木이여

*화양리 노송老松 : 합천군 묘산면 화양리에 소재한 노송으로 수려한 형상이 돋보임. 조선조 인목대비 일가가 피난을 왔다는 곳으로 영창대군을 생각하는 인목대비의 혼이 깃들어 있다고 전해 오며 수령이 천 년쯤 된다고 함.

이명호

1992년 《문학세계》 등단
시집 《나뭇골 우화》 《말이산》(함안문화유적시집) 《잃어버린 세월》 《나무의 소리》 외

말이산* 고분군 · 4

하고 싶은 말들은 어디에 두었을까
한 점 구름이 비켜가는
하늘 한켠에
삶이 그러하듯
그냥 흘러가도록 비워 두었을까!

하고 싶은 말들은 어디에 새겼을까
잡초 무성한 덤불 사이로
미망의 세월 속에
인생이 그러하듯
그냥 덤덤히 묻어 두었을까!

하고 싶은 말들은 어디에 남겼을까
천년을 부는 바람
동이 트고 날이 새는
푸른 산맥 그 자리에
그냥 그렇게 남겨 두었을까!

*말이산 : 경남 함안군 가야읍 말산리 및 도항리 일대로 여항산(해발 770m)에서 뻗어내린 산줄기가 도항리 일대에서 야트막한 구릉으로 변하여 좁고 긴 야산을 이루는데 이 산을 말산, 말이산, 머리산(우두머리)이라 부르며 산의 정상부를 따라 대형 고분군이 밀집되어 있다.(말이산 고분군 사적 515호)

이미순

2005년 《시사문단》 등단
시집 《꿈을 파는 여자》 《바람이려니》

여름이 오는 소리

새벽을 가르며
아카시아 향이 머무는
자굴산에 오르면

아침의 고요가 흐르고
푸른빛 공기 숨 쉬며
해가 부르는 소리에
여름이 온다는 것을 알았다

숲 속의 싱그러움에
한 번도 말을 건넨 적 없던 사람도
땀을 훔치며 목례하는 모습

모내기를 위해 대 놓은 물 위에서
폴짝폴짝 뛰놀며
개굴개굴 개구리 우는 소리

초록을 내밀며
긴긴 해와 뒹굴면서

나무에서 울던 새소리

저녁 어스름 해가 저무는데도
동네 아이들 집에 가지 않고
까르르 까르르 해맑게 웃는 소리

노을이 지듯 봄은 떠나고
우리네들의 표정과 몸짓에서
여름이 오는 소리를 들었다

따사로운 햇살
머물다 가는 바람
한줄기의 빗소리
이 모두가 의령의 아름다움인 것을

이복희

2005년 《문학예술》 등단

상동에 가면

문득, 꽃불 같은 사랑하고 싶어요

사람의 그림자 쉬이 볼 수 없는
풀어놓은 뜨개실 같은 길을 걸어요

함궁의 여운이 남아 발갛게 익은 산딸
산바람 손길에 깔깔대요
불 꺼진 창 훔쳐보지 마세요
무척 뜨거워 눈 데일 수도 있으니
쉿!
알토란 넷을 한 방에 가까스로 재워두고
숨구멍 모은 따뜻한 가슴에 씨앗 틀고 있어요

문득, 사랑하고 싶을 땐

상동으로 가요
풀피리 불며 걷다가
산딸기 한 움큼 먹은 붉은 입술로
고픈 사랑 노래 배불리 불러요

이상규

1991년 《문학세계》, 2011년 《시문학》 등단
시집 《사랑 가꾸기》 《새첩다》 외

산인역山仁驛에서

특급열차가
마지막 남은 진달래 꽃빛마저 휘감아
낮은 산자락을 물들이고 사라집니다
떠나고 보낼 이도 없는
경전선 산인역
'산장山莊' 으로 이름이 바뀐 역사에는
어제를 모르는 사람들만
밤이 이슥토록 이별노래를 부르는데
한켠으로 밀려난 간이역엔
완행열차를 기다리는 사내 하나
추억처럼 서 있습니다
풀 먹인 무명베옷에 보퉁이를 인
낯익은 어머니는 어디에도 없습니다.
중리에서건 함안에서건
어느 어귀에서 내려도 좋을
마산역 발행 승차권 한 장이 잊혀진 듯
레일 사이에 누워
봄비에 젖고 있을 뿐입니다.

이상옥
1989년 《시문학》 등단
시집 《그리운 외뿔》 외

참새

창원집 대추나무 아래
참새 몇 마리

애견 고야가 지난밤 남겨놓은 사료 먹으러
아침마다 방문하는 진객

부스러기 몇 알갱이 먹는다고
가장 아름다운 아침 자명종을 울리는

1995년 경남신문 신춘문예 당선

무곡리 블루스

— 심심心沁한 날

마루에 엎드려 밖을 본다
와아아 들판을 건너는
바람의 길이 보인다
산비둘기 감나무에 앉았다 가고
심심한지 한낮에도 우는 닭
그 위를 지나는 경운기 소리
소리
소…… 리

멀리 버스 지나간다
남겨진 길
햇살에 더욱 하얗다

이영탁

2007년 《경남문학》 시조 신인상 수상

벚꽃 후기

햇살은 여린 꽃잎 바라보며 색깔놀이 중
벚꽃 몸살 앓으며 그대 만난 여좌천
우리가 걸었던 골목마다 따스했던 꽃그늘

바람 부니 그대 안부 궁금하여 뒤척이고
꽃 피니 마음 설레 붉어지는 추억들
사월은 그대라는 시간 그리는 계절

지리산 · 1

— 무덤

유성이 흐르듯 홀연히 그대는 갔네
이 나라 푸른 잎들이 그 상처를 덮어 주었네
어둠을 뜯어 먹으며
선승 같은
달도 나왔네.

이우걸
1973년 《현대시학》 등단
시집 《주민등록증》 외, 평론집 《질문의 품위》 《젊은 시조문학 개성 읽기》 외

이월춘

1986년 무크 《지평》과 시집 《칠판 지우개를 들고》 등단
시집 《그늘의 힘》 외

속천부두에서

미모사의 연두색 향기와 브람스를 뒤로하고
베갯머리에 가는 겨울의 마음을 그냥 두고
숙취처럼 솟는 봄마늘의 독기를 다독이는데
밤을 건너온 바다가 등 푸른 아침을 던져주었다

사내들의 굵은 심줄을 닮은 펄떡이는 영혼
삶이란 미로와 풍랑을 다 건너야 한다는,
아직 건너지 못한 더 먼 곳이 있다는 암시를
매운 눈으로 풀보다 꽃보다 시리게 던져주었다

어디선가 부지런한 새들이 모이를 줍고 있겠지
어제의 어제에서 내일의 내일까지
성냥불처럼 목련꽃 봉오리 솟는 언덕으로
멸치떼의 은빛 희망을 퍼뜨리는 파도의 입김에
경매사들의 손가락 암호를 엿듣는 갈매기들

살구색 앞날, 이념의 뿌리 어쩌구저쩌구
아이구, 아직 바람이 차네요
해초와 물이끼 냄새도 따라와 한 말씀 하신다

우공이산愚公移山을 배우고 웃었더니
바람도 산을 흔들 수 있다는 걸
봄바다 물이랑을 보고 알게 되었다

이일림
2008년 《시인동네》 등단
시집 《비의 요일을 지났다》

침묵 · 3

— 아라연꽃*

발굴은 점점 예쁜 쪽으로 기울었다
수줍은 소녀들이 청초한 잎사귀 위로 올라와
하얀 팔로 허공을 감싸고 있다

한 송이 꽃을 피우기 위해
천 년의 고뇌가 필요할 때도 있다

농익은 처음을 침묵이라 일컫는 일이 당연한 것처럼 씨앗은
현재를 점점 따돌리고 있었다
손닿을 곳 없는 투명이
잠시 그늘을 살피러 간 사이

억만년의 역사가 쌓인 땅 밑 고서古書 속에
잠자는 빛이 있다는 걸 안 사람들은
침묵의 주위를 서성거리기 시작했다

바람도 바람이 아니고
비도 비가 아니고
폭설도 폭설이 아니었다
연못 주위를 도는 빛의 촉수가

연일 그들과 협동하여 더 단단히
벽을 옹호하듯 진흙땅을 여미고 있었던 것이다

그들이 저장한 기록이 한 잎 한 잎 말문을 열고 있다
초록 풋내 풍기며 영롱한 이슬 대롱에 핀 꽃
화해 같은
해탈 같은

마음이 습관처럼 엎드려 땅의 소리를 듣는다
가장 편안한 자세는 땅의 가슴이 가르쳐 준다는 듯

우리가 고대하는 건
견고한 천 년의 심장을 엄숙하게 펼쳐 보는 거
겹겹 쌓인 세월의 섬광을 꺼내어 허공에 밝혀보는 거
묻혀 있던 밀서를 캐내어 한밤의 수호에 동참시키는 거

반복될 때마다
처음은 현재로부터 점점 멀어져가는 소녀들을 데려와
다시 맑은 현재만 남긴다

*아라연꽃 : 경남 함안에서 씨앗이 발굴되어 개화한 연꽃.

이정홍

2009년 경남신문 신춘문예 등단
시집 《허천뱅이별의 밤》

남강 근처

가만히 눈을 뜨고 촉석루를 쳐다본다.
슬픈 비사秘史 가리듯이 내려앉는 산 그림자
피 묻은 의암 언저리 비봉산도 다가선다.

밤의 뒷문 소리 없이 잠긴 빗장 설핏 풀어
강물 위엔 수천 불빛 비늘처럼 일어나서
금물결, 논개가 끼던 가락지로 반짝인다.

나의 살, 나의 뼈에도 눈물겨운 말이 돋고
그토록 오랜 세월 불씨 안고 지켜온 성
임진년 그 장렬함이 이끼처럼 돋아난다.

제 가슴 회초리 치는 저 강물 소리 아득하다.
무희의 흔들리던 손대 끝 댓잎처럼
귀 닳은 역사책 속의 밤바람이 차갑다.

이종만

1992년 《현대시학》 등단
시집 《오늘은 이 산이 고향이다》

생솔가지

눈물이 메마른 사람에게
생솔가지 태운 연기
한 봉지씩 담아주고 싶다
생솔가지 하나 태워
봉지마다 연기를 담으면
한 트럭은 넘칠 것이다
슬픔에도 눈물 한 방울 흘리지 않는 것
안과 의사도 고칠 수 없으리라
남의 아픔마다 눈물을 흘려주면
세상은 따뜻해질 것이다
멀게만 느꼈던 손
서로 가까이 붙잡을 수 있다

이주언

2001년 《경남문학》, 2008년 《시에》 등단
시집 《꽃잎고래》

영암사지*

땡볕을 몰고 돌진한다
긴 세월 묻어둔 금지구역을 향해
곁눈질 먼저 날려 넣는 사내
관음의 몸통 구겨넣는다
돌의 혈관 미세한 주름을 접어
파란 돌꽃이 핀다
달개비 벌어져 살내 풍기고
주홍치마 걷어 올린 산나리가 낭패 떼를 쏟아
관음보살 이마가 땀에 번들거린다
불끈 힘이 드는 사자 엉덩짝
석등을 받쳐 드는 영암사지靈岩寺地
천 년 가도 발굴되지 않았던 영암사지永暗死地
재우는 수음과 깨우는 소음, 석공의 손길 분주했을 영암사지營唵事地
패를 돌리며 둥근 달빛 띄우던 한때
이글거리며 은빛 처마 황금 나발을 칠하던 한때
조아린 신도가 수천이던 한때
둘러싼 골산을 호령하던 한때
다 살아나 실핏줄 툭툭 불거지는 도행倒行반야경

절터를 깔고 앉은 여승女僧이 아득히 들려주는 도행道行반야경

사내와 뒤엉켜 은밀한 풍경

풍경의 모반이 뜨거운 칠월 한낮

천 년 전 매미가 울고 있다

*영암사지 : 경남 합천군 가회면에 있는 절터.

1997년 국제신문, 부마민주항쟁기념사업회 공동주최 유월항쟁 10주년기념 공모전 당선
시집 《길 위에서 별이 되다》

밀물의 귀산*에서

굽어진 해안선을 돌아 나온
만삭으로 뒤채는 열나흘 달빛이
저녁 바람에 젖고 있다
바람은 이미 어제 그 미지근한 바람이 아니다

날마다 찾아드는 내 극심한 눈물과
뾰죽거리며 달려들어 나를 찌르는
세상의 가시들이
밀물의 귀산에는 없다

산다는 것은
눈물 덮어 줄 향기를 찾는 일
달빛만 한 희망을 담그는 일
산다는 것은
허락도 없이 들이치는 물살
헤치는 일

*귀산 : 경남 창원시에 있는 해안.

장인숙

2004년 《문예한국》 등단
시집 《그대가 보내준 바다》 《명품시집》

다솔사*

일요일인데 바람이나 쐬자 해서
출발부터 발목이 삐꺽했지만
중생 둘 길잡이에게 물어물어 갔지만 늦었네
늦은 점심 식당 들렀으나 좀 기다리라네
공복저혈당은 주저앉아 배 채우고 싶고
백날 말해도 모르는 중생은 절부터 가자 하네
꾸역꾸역 눈물 삼키자
절 밑까지 가던 중생 다시 돌아와 밥 먹자네
부처여, 어찌 밥으로 시험 들게 하옵니까?
지지고 볶은 밥맛 또한 왜 이리 달콤합니까?
한 그릇 비우고 터벅터벅 누워 있는 부처 앞에 섰지만 말이 없네
겨우 이십사 년 살고 그러느냐!
빙그레 미소만 보일 뿐

*다솔사 : 사천시 곤명면 봉면산에 있는 사찰.

정강혜

1990년 《시조문학》 가을호 등단
시집 《치자꽃 향기》 《마음의 길을 따라서》

상 흔

— 거제 포로수용소에서

그해 6월 피로 물든 흔적 선연한데
과연 인간의 존엄이 이념 앞에 하찮구나!
한민족 동족상잔의 부끄러움 밝혀라

끊어진 다리에 몰린 파리 목숨 저 낙화
남으로 향한 집념 이고 지고 산맥 넘어
누군가 살아피었네 넝쿨 영혼 장미꽃

세상에 태어나 시절 잘못 만난 죄로
벌거숭이 맨살에 채찍 자국 핏빛 낙인
기어코 잊지 않으리 발버둥을, 피눈물을!

연燕이 집

출입문
보안등 위 빈집에
자동으로 눈이 간다.

주먹만 한 저 우주에
일곱 식구 살았었고
작년에 세 식구
올해는 부화 실패
유월 말에 떠났다

진주시내 푸른 하늘엔
아!
가볍게 바람 채는
날렵한 미인들
자락이 사라졌다

내년부터 영영, 허전한
그리움만 쌓일 것인가

정삼희

2002년 《문예한국》 등단
시집 《내 마음의 도피처》 외, 칼럼집 《천상에 띄우는 편지》

야생 녹차를 만들며

산언덕 차나무 밭에는 어사화 한 무더기
명차 되기 위해 비탈길 골 깊은 돌밭에서
무림 고수 내공을 늦은 봄비 속 키우며
목 씻고 귀 씻고 가슴 씻으며 공덕 지키고 있다
차향도 목마름 같아서 물맛 따라 차맛도 달라지고

정선호
2001년 경남신문 신춘문예 당선
시집 《내 몸 속의 지구》《세오도를 그리다》

순장의 풍습

열여섯 살 가야시대의 소녀가 벌떡 일어나
무덤을 나와 세상으로 나왔다*
기자들은 소녀에게 가야시대의 생활이며
저승에서의 생활을 물었다

주인어른은 인자하고 자상했으며 저를 예뻐해 주었어요. 어느 날 어른은 심하게 병들어 죽고 말았어요. 죽을 때 통증이 심해 고통을 호소했지만 고칠 방도가 없었지요, 난 그의 주검 앞에서 한없이 울었어요. 어른의 죽음이 슬퍼서였고 그를 따라 죽어 묻혀야 했던 내 신세가 슬퍼서였지요. 난 혼례도 못 했고 늙은 부모님을 모셔야 했기에 죽고 싶지 않았어요. 하지만 사내들이 내게 강제로 사약을 먹이고 말았어요. 죽어 저승에서 주인어른을 모시고 나중에 죽어 오신 부모님, 형제와 살아왔지요

소녀는 제 또래들 있는 학교에 갔다
또래들은 인터넷으로 소녀의 출토 소식을 읽다가
소녀가 교실로 들어서자 함성 지르며
사인을 해달라며 모여들었다

소녀는 모두에게 사인을 해주고
천오백 년 동안의 저승에서의 일들을
칠판에 가득 적었다

밤이 되자 소녀는 바람을 붙잡아 제 대신 순장시키고
박물관 속으로 들어가 가야금을 뜯으며
천오백 년 동안의 고독을 품었다

*2009년 경남 합천군에서 가야시대에 살았던 것으로 추정되는 16세 가량의 여인 뼈가 남성들의 뼈와 같이 출토되었다.

연호사*에서

처마 끝 빗물이
도르르
강물 위로 스미고
그대 손잡지 못한 여름이
도르르
모래 위에 쌓이고
도르르
저녁 해는 짧기만 해
도르르
도르르
도르르

* 연호사 : 경상남도 합천군 황우산 대야성에서 풍광이 가장 아름다운 남쪽 석벽 위에 지어진 신라 천년 고찰.

정현대

1992년 《현대시조》 등단
시조집 《山河여 나의 山河여》《새벽의 빛깔》《낯설음 속의 낯익음》

은행나무

노랗게 물들인다 푸르른 하늘을
말갛게 닦은 거울 얼굴을 비춰 보면
가을이
등 뒤에 서서
가만히 미소 짓고.

소슬한 바람 소리 새떼로 날아가고
나목의 가지마다 해와 달이 멈춘 자리
나이테
시린 순간들
살아 있는 이 행복.

조경석
2013년 《경남문학》 신춘문예 당선
시집 《이면의 이면》

수크령*

물오른 풀들이 올곧게 선다

창원천변 거니는 길가에는
수크령이 여름 펼치고 제 붓대 세운다

검은 보랏빛 털붓으로 쓰는
문장들이 걷는 내 팔과 손등을 간지럽힌다
꺾을 수 없는 붓처럼
꺾이지 않는 붓인 양 그 끝을 세운다

가늘고 긴 털 속에 숨은 꽃은
자신의 털빛 돋보이게 스스로 짙어가다
제 꽃빛 사라져가는 날에도
푸르스름한 풀빛만큼은 애써 남긴다

채 삼 년도 전에 촘촘해진 풀대여
꽃빛 뭉텅 찍어 쉼 없이 쓰는 꽃대여
엉겨 서로 다잡은 풀뿌리여
이 길섶에 어떤 이야기 꽃피우려 하는가

물, 풀, 꽃, 길이 함께 어울려
수런수런 온 창원천이 일렁거린다.

*수크렁 : 지반 안정을 위해 심는 벼과의 풀 이름.

조재영

1992년 경남신문 신춘문예 시, 2013년 《아동문예》 동화시 당선
문학기행초 《시로 만나는 경남》

소사동이라는 곳

— 백석풍으로

몇 자루의 연필과 붓과 돋보기와 토시와 검정색 다이얼 전화기와 발우와 또 어느 계절엔가 수줍게 두 손을 무릎에 올리고 장형의 옆에서 맨발로 셔터를 응시하는 시인의 어릴 적 흑백사진이 전시관에는 있는 곳

청록 문양의 일제시대 벽지와 추억의 책가방과 낡은 축음기와 남양분유 소표분유와 사단법인 대한자전거상공조합의 뽐푸 사용료금함이 전시된 김씨박물관과 또 '미스 코리어에 얽힌 야릇한 소문'을 실은 〈선데이 서울〉을 소장하고 있는 동그란 안경의 김씨와 물새 같은 딸이 찻집에는 있는 곳

여름이면 고둥 가득한 논에선 밤새 개구리 소리가 까알까알 들리고 텃밭의 열무꽃 소담하던 시절에는 하얀 박꽃이 별빛 따라 떠오르거나 아낙네들이 앞개울로 멱을 감으러 가기도 했던 것인데, 늘 모자를 쓰고 대학생 딸을 애기라 부르는 실비단 안개라는 이가 사진을 찍으러 사계절 방문하던 곳

나는 오래도 전에 이루지 못한 여인의 사랑 이야기를 떠올리며 이 유서 깊은 마을의 한적한 길과 오래된 저수지 그리고 전설같이 날아다니던 하얀 백로를 하염없이 그리워하였다.

조종명

1992년 《농민문학》 등단
시집 《소나무는 외롭지 않다》 《긴 길에서 만난다》

버드나무

그대여
버드나무가 춘하추동 서 있는
이유를 아십니까
삭풍이 가지를 꺾어도
서 있는 시퍼런 숙명을
더울 때는 두껍게 입고
추울 때는 모두 벗고
오래 사는
버드나무를 아십니까
걸을 수 없는 것은 천명
보이는 것만 바라보고
먹을 수 있는 것만 먹고
제자리를 탓하지 않으며
쉽게 떠날 수 없는 목숨 다하도록
무엇을 기다리며 서 있는지
나는 알 수 없습니다

주강홍

2003년 《문학과 경계》 등단

통 영

동피랑 저 언덕배기에서 이당가리 방패연 띄우면
시퍼런 비린내로 수평선이 밀려오는 포구
제 곡조에 겨운 파도도 잠시 숨을 죽이고
사금파리처럼 빛나는 멸치 떼들
밤새 닦아놓은 붉은 해를 당겨 올린다

순한 사람들이
순하게 살아가는 새벽마다
굳은살의 손마디들은
한 움큼씩의 그물로 바다를 건져내고
함부로 알아채서는 안 되는 남도의
거친 사투리는
함지박마다 가득히 억척스러운 정이 흥정 되어
예사로이 퍼 주는 인정에 아침이 더 소란스럽다.

지조 높은 동백꽃이
툭
제 머리를 꺾는 동안에도
남망산 벚꽃은 기어이 움을 틔우고
원문고개 지나 은혜로이 미륵봉이 보이면
거기가 억세게 버티어 사는 바로 통영의 시작이다

주선화

2007년 서남일보 신춘문예 당선, 《시와 창작》 신인상
시집 《호랑가시 나무를 엿보다》

벗꽃

소라 속 주꾸미
머리에 서 말 쌀 이고 아등바등 핀다

갯벌에 잘금 굴의 뽀얀 아가 엉덩이
살처럼 댕글댕글 핀다

봄물 뱉어내는 개조갯살의
향연 위로 토실토실 핀다

도다리 말간 국 위로 초록의 사연
풀어헤쳐 헤실헤실 핀다

지난 겨울바람 모두 버리고
흰 꽃바람 일제히 서서 핀다

그 풀이 섬에 다시 가고 싶다 카이

차영한

1978년 《시문학》 시 추천, 2011년 《시문학》 문학평론 당선
시집 《캐주얼 빗방울》 외, 비평집 《초현실주의 시와시론》 《니힐리즘 너머 생명시의 미학》 외

파도는 떠밀려온 마른 가지들로 바위 굽 턱 하얀 군밥 지피는 숯불에 톡톡 등터지는 바디갈치*를 지글지글 굽고 있어

달작지근한 생소주 마시는 맛, 카 하! 카 하 썰물덧니 추임새에, 더늠이* 소리 발림하면서 언청이 궂니 너울너울 춤추고 있어 잦은 소리 그늘* 따돌리면서 용케도 볼락 돌돔 쏨뱅이 뱅어돔 참돔 즈그끼리 다투다 낚이고 있어

갯바위 흔들듯 주렁주렁 꿰어져 물고 날아오는 가마우지 욕심쟁이 생선회 칼질에 쪽쪽 입 다시고 있어

물때마다 그만 놓치는 물개 껄덕쟁이 침 흘리도록 몰래 숨겨둔 소주병 꺼내 또 하늘 치솟게 하얗게 불 지르고 있어

덜 굽힌 볼락대가리 핥아대는 일곱 물 목사리에 목구멍까지 손 넣어 빼앗고 있어

한바탕 술고래들과 뒤집혀지는 혓바닥물살 질질거리고 있어

끌채 사물놀이 끓닳아 오르고 있어 죽죽 목을 뽑아 북채 돌려 치듯 흔들며 으아, 으아 하하하 자지러지는 돌림사위 탈춤추기 시작했어

복쟁이는 둥둥 떠서 너울 망설임 같은 배꼽춤을, 보름달 고깔 쓴 끝버꾸춤은 물개차지 그리키! 그리키 한 다리 올려 휘모

리 하는, 어 야··! 우찌 그리 신나서 방데이춤으로 물고기 굽고 고슬고슬 군밥지피는 아! 그 풀이 섬에 다시 가고 싶다 카이—

*바디갈치 : 베 짜는 바디너비(삼지 크기)만큼의 바디갈치를 일컬음.
*더늠이 : 판소리 춘향가 옥중가 중에도 쑥대머리 명창 임방울처럼 독특한 형태로 절묘하게 다듬는 소리.
*그늘 : 여기서 '그늘'은 시김새가 뛰어나 느껴지는 감흥.

가을 · 1

최경화
1998년 『한맥문학』 등단
시집 《세월의 흔적은 강물처럼》 외 4권

가을 속으로 깊숙이 빠져들면
왠지 모를 서글픔이 뼈까지 따각거린다

젊음이
떠나가는 길목을 부여잡고
댕그라져도
급류같이 흘러간 세월
눈가에 주름살 하나 둘 금을 긋고

가을걷이 들녘처럼
속을 텅텅 비운
땅 위로 곤두박질하는
구멍 숭숭 난 낙엽은 발목에 걸려
숨을 할딱인다

단풍잎에 무상을 울궈내어
수분을 뚝뚝 떨어뜨리며
내년의 촉을 위해 서서히 사라진다

최두환

2009년 《한맥문학》 등단
시집 《7년 만의 사랑》 《나그네새 노래하다》 외

하 늘

울음이 가슴에서 나온다
눈물이 쏟아질 때
가슴은 바다가 된다

통곡이 가슴에서 울린다
목메임이 하염없을 때
가슴은 파도가 된다

갈매기 나는 하늘에
울음이 소리쳐 떠가며
바다는 하늘을 닮아 있다

끼루룩 끼룩 기록記錄의 변주여
외로운 시인의 노래여

상남동 연가

최석균
2004년 《시를 사랑하는 사람들》 등단
시집 《배롱나무 근처》 《手談》

본디 꽃이 피고 물이 흐르는 땅. 본디 바람과 객客이 머물다 가는 땅. 창원 상남동 빼곡한 건물과 인파 틈새, 너와 내가 꽃피는 간판과 바람의 전단지로 수놓았던 밤. 사랑의 물길을 내고 천년의 별을 띄운 너와 나의 밤.

종횡으로 구획된 지금의 불야성을 허물면, 왁자한 오일장에 한바탕 먹거리에 팔도의 말과 장단이 엉겨 붙으리라. 다시 한 꺼풀 장마당을 걷어내면 사방 풀벌레, 사철 웅웅거리는 논밭이 눈을 뜨고 도랑에 물고기에 지렁이와 뱀이 기어 다니는 황무지가 울퉁불퉁 깔리리라.

길을 덮은 자리에 다시 길이 열리고 너를 지운 자리에 또 네가 생겨나듯 본디 여기는 벌 나비가 쉬지 않고 날아드는 땅. 본디 여기는 높고 낮은 풀꽃 향기가 지천으로 진동하는 땅.

최순용

2003년 《제3의문학》 등단
시집 《귀향》 《달빛 어머니》

경남 찬가讚歌

백두대간 남으로 뻗어
지리산 우뚝 솟아 정기 내리고
낙동강 천 리 물줄기 굽이굽이 흘러
가야문화 찬란히 꽃피던 이곳

거룩한 경남은
낙도樂道의 새 역사 창조하고
세계의 물결 속에 웅비의
나래 활짝 펴고 돛을 높이 올렸네

기름진 옥토 오곡백과 풍요롭고
공장에는 기계 소리 사시사철 요란한데
정서 어린 고을고을 장미* 향기 그윽하고
정자나무* 위 노는 학鶴* 정겹구나

저 멀리 남해 물결은
봄바람 따고 출렁이고 태양은 찬란히 솟는데
320만 도민 세계 일류 희망 싣고
우리 경남 영원하여라

*장미, 정자나무, 학은 경남도의 도화道花 도목道木 도조道鳥로 지정되어 있음

최영욱

2001년 《제3의 문학》 등단
시집 《꽃가지 꺾어 쳐서》 《평사리 봄밤》, 산문집 《산이 토하면 강이 받고》

섬진강 블루스

다들 미친 사내라 했다

불그죽죽 꽃물이 드는 19번 국도를
산발한 머리 늙수그레한 걸망을 짊어지고
낭창한 노래 해맑은 웃음을 흘리며
강을 거슬러 오르는 저 사내
(한때 저 사내도 치열하게 오르려 했던 목표는 있었겠지
강처럼 흐르지 못하고, 무엇이 막혔던 걸까?)

오늘도 다 저문 길 위에서 거침없이
뱉어내는 저 도도道道한 웃음
도道 다 통했을 것만 같은 꽃 같은 웃음을 베어 물고
낭창낭창한 가락을 섬진강 위로 흩는다.

해거름 강 위로 얹히는 노을마냥
사내의 웃음이, 노래가, 강 위로 환하다
얼굴 가득 꽃 같은 웃음 베어 물고
늙수그레한 걸망을 취모검吹毛劍* 처럼
둘러메곤 강을 거슬러 오르는 저 사내

더러는 팔자 좋은 놈이라고도 했다.

*취모검吹毛劍 : 불교용어로서 번뇌를 끊는 검.

최재섭

1990년 《시조문학》 천료
시조집 《다섯 계절의 노래》

자란만紫蘭灣*

신神의 눈길 머물게 한 내밀한 말들 있어
싱싱한 푸른 혈맥 미소로 피는 물굽이에
별들이 저절로 녹아 시그리로 일어선다

무늬진 물보라가 태고의 숨결 나누면
얼비친 영원의 성城 안으로 영글어 가는
한 송이 난꽃에서나 어려 있을 서정시

물길 따라 숨어드는 꽃뱀의 혀 독기 서려
자란은 잎새 속에 숨죽여 도사리는데
시류時流가 일으킨 바람 자란 자란 조여 온다.

*자란만紫蘭灣 : 경남 고성군 하일면 필자의 고향에 있는 세계보건기구가 인정하는 4대 청정해역 중의 하나.

처용애비 하는 말이

표성흠

1970년 대한일보 신춘문예 당선

시집《네가 곧 나다》, 창작집《선창잡이》, 장편《토우》, 동화《태양신의 아이들》 등 122권

꽃은 꽃이라서 아름다운 게 아니다
두더지는 두더지라 땅굴 속에 사는 게 아니다
비바람 목마름 견디고, 발이 땅굴을 파도록 만들어졌기 때문이다
독니가 있어서 독사고, 등에 가시가 돋쳐서 고슴도치다
무엇이 모자라 매양 불만일 것인가
한 가랑이 두 다리 끼고 가는 년도
나는 보고도 못 본 척 춤추고 웃었다
감나무 감도 홍시가 되면 떨어지고
밤나무 밤도 때가 되면 벌어지는 걸
보이는 것만 보고 들리는 것만 듣자면 그렇다
세상이치는 그렇다 그러나 이치대로는 안 된다
별은 별이라서 빛나는 게 아니다 어둠 있어서다

1989년 《시조문학》 천료, 1991년 경남신문 · 1992년 서울신문 신춘문예 당선
시조집 《별 하나를 기다리며》《적멸을 꿈꾸며》

문신,* 달의 사나이

삶이란 매 순간마다 회전계단을 오르는 일
물처럼 바람처럼 유려한 동선의 길
영혼을 오롯이 담는 필생의 이력서

첫 마음 열고 오던 가고파 노래처럼
꿈속에도 귀소하던 고향 바다 언덕길
우주를 돌고 돌아서 닻을 내린 성소聖所에서

살아 다시 따뜻이 힘차게 포옹하는
샘솟는 생명의 그 힘, 기대어 일어서면
저리게 서러웠던 꿈 필경에는 이루리

한생을 관통하던 아름다운 숲을 걸어
찾은 꿈 시메트리 좌우균제 생명의 선율
무한대 우주를 향하여 룽다*처럼 열린다

*문신(moonshin.1923~1995) : 마산이 낳은 세계적인 조각가. 〈회전계단〉〈우주를 향하여〉〈화和〉 등 대칭을 이루는 아름다운 작품을 많이 남김. 예술의 본고장 프랑스에서 명성을 뒤로하고 영구 귀국하여, 사랑하는 고향 마산에 문신미술관을 지어 시민들에게 바치고 싶다는 유언에 따라 세계적인 이 미술관은 창원시립문신미술관으로 됨.

*룽다 : 지혜의 말, 티벳에서 만국기처럼 걸어둔 경전 ,바람에 날릴 때마다 신에게로 이어진다고 믿음.

하 영

1989년 《문학과 의식》 등단
시집 《너 있는 별》《빙벽 혹은 화엄》 외, 인도순례기 《천축 일기》, 동시집 《참 이상합니다》 외

보현사에서

저 고요를
마음속에 펴 담아 본다

아득한 벼랑 위에
한 무더기 산나리꽃으로 피어
흔들리는
그 어디에도 닿지 못하는 마음아

기다려라
네 죄를 몽땅 부려놓고
기쁨도 슬픔도 다 맡겨놓고
기다려라

사리 몇 알이 길을 내며
어둠을 밝혀줄 때까지

무학산 여정

귀뚜라미 노랫소리 들려주는 옛 추억
풀잎에 이슬처럼 내 눈에 맺혀지는
늦가을
어두운 밤이 오면
옛 생각에 별을 본다.

우리 부부 등산 가며 들어보던 산새 소리
가슴속 가요처럼 메아리로 들려오는
긴 편지
단어 속의 사연들
가을 햇살에 눈부신다.

홍진기

1979년 《현대문학》 자유시, 1980년 《시조문학》 시조, 각 추천완료
시조집 《빈 잔》《거울》《무늬》 등 7권

섬진강 백매화

강물도 살을 비비며 오래오래 흘러가고

바람도 가슴 여는
한 아름
봄 천진데

눈처럼
하얀 이름만
흩고 가는 소녀야

아직도 유서 한 장을
나는 읽지 못했구나

자칫 내가 겉돈 세상
너도 삐걱 잘못 짚어

살아서
이루지 못한
꿈이 시린 여인아

황규홍

2009년 《문학예술》 등단
시집 《정글에서 책을 읽다》 《사랑도 옥루봉 일출》, 수필집 《남산에 눈 내리는 날》

가을

빗소리 밀어붙이는
소슬바람

봄바람은 산뜻
여름바람은 시원
겨울바람은 매섭다지만
가을바람은 소슬하게 다가온다

계절의 순환은
옛사람의 쓴 글은 뒤적뒤적
변함없는 가을

앞 사람이 느낀
눈앞에 닥친 제대로 맛보는 길
노을에 물든 단풍을 안고
물든 텅 빈 절

무릎 안고 졸다
소슬한 가을바람에

산사의 차 끓이는 연기 좇아
단풍의 깨달음이 기쁘다

산천초목을 물들인 단풍에
싱숭생숭한 남자의 변에
숲은 고요하다
제정신 차리고 보면
세상은 저 멀리 나가고 있다

무엇이든 결실을 거두고 싶다

황시은

2007년 《시선》 등단
시집 《난 봄이면 입덧을 한다》 《예쁜 예감》

말이산 고분에서

태어난 지 사십여 일 되었다는

검정색 푸들을 받아 안는다

뽀글뽀글한 털을 세운 채 떨고 있다

유기견 봄이가 젖꼭지를 물린다

기다렸다는 듯 있는 힘껏 빨아 댄다

어미의 젖가슴이란

누구에게나 그리움과 간절함의 대상이었다

말이산 고분은 아라가야국의 젖무덤이다

박물관 앞

넉넉한 유즙을 배불리 먹고 자란 아라홍련

이제 시집가도 되겠다

산문

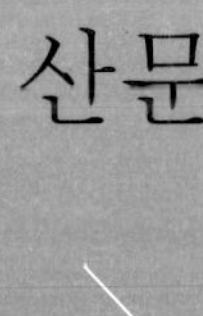

강현순 김동곤 김향지

김현우 나갑순 배대균

배소희 백남오 서현복

손정란 신일수 신태순

안순자 양미경 양민주

여형구 유영희 이광수

이승철 이처기 이한영

이희경 전문수 정목일

정영선 조은길 차상주

한수연 한후남 황광지

강현순

1993년 《한국수필》 등단
수필집 《좋은 예감》 《세 번째 나무》 《꿈꾸는 섬》

겨울 우포늪

겨울 우포늪에서 볼 수 있었던 것은 바람과 철새, 그리고 기다림뿐이었다.

몇 년 전, 「우포늪 시 생명제」에 참가했던 적이 있었다. 초겨울에다 저녁시간에 행사를 했던 터라 우포늪이 막 잠자리에 들고 있는 중이어서 제대로 모습을 볼 수 없었다. 더구나 날씨가 너무 추워 벌벌 떨었던 기억만 남았다.

다시 그곳을 찾았을 때는 여름날이었다. 큰비가 내린 뒤여서인지 늪으로 진입하는 길이 물속에 잠겨 있었다. 그래도 우리 일행은 마치 오지탐험가인 양 일단 바지를 최대한 끌어올리고, 핸드백도 목에 친친 감고 신을 높이 들어올리고는 씩씩하게 앞으로 나아갔다.

상황이 상황인지라 그곳에서 서식하는 수많은 동식물들을 다 만난다는 건 어려운 일이었다. 그나마 몇 종류라도 볼 수 있었다는 게 여간 다행스러운 일이 아니었다. '노랑어리연꽃' '꽃창포' '하늘타리' '수염가래꽃'…. 내 유년의 정다운 소꿉친구같이 예쁜 이름의 풀꽃들을 본 것이다.

그러다 얼마 전, 오랜만에 친구와 둘이 갔을 때였다. 차에서 내리자마자 복병처럼 숨어있다가 자신의 존재를 확실히 알리는 바람과 조우하게 되면서 봄이 우리 곁에 오려면 좀 더 많은 시간이 지나야 한다는 것을 알게 되었다. 다음으로 만난 것은, 어깨를 나란히 맞댄 채 조용히 한곳만을 주시하고 있는 철새들의 무리였다. 미동도 없기에 처음엔 돌무더기인 줄 알았다. 그들은 우리에게 침묵의 아름다움을 가르쳐 주었다.

늪은 그 새들을 자식인 듯 품고 있는 자상하고 거룩한 어머니 그 자체였다. 바람이 간혹 심술을 부리건만 그들이 고요히 명상에 잠길 수 있도록 애써 참으며 감싸주었다. 다만 살아 숨쉬고 있다는 것만 알리기 위해 버들잎이 미끄럼타기 좋을 정도로 콧노래 같은 잔물결만 보여주면서….

그곳에서는 모두가 설레는 마음으로 봄을 기다리고 있었다. 자연의 법칙을 잘 알기 때문에 결코 조급해 하거나 투덜거리지 않았다. 부드러운 바람과 따뜻한 햇빛을 동반한 희망의 봄이 찾아와서 색색의 고운 물감을 뿌려줄 그날을 묵묵히 기다릴 뿐이있다.

나도 기다릴 것이다. 그 고운 빛깔들이 우포늪에 당도하여 더러는 꽃이 되고 더러는 풀이 되어 한 편의 아름다운 수채화가 되는 날, 다시 찾아와 세파에 찌든 내 마음과 볼 것 안 볼 것 다 보아서 탁해진 내 눈빛을 온통 싱그러운 초록빛으로 물들이고 싶다.

김동곤

1988년 《동서문학》 소설 등단
소설집 《흔들리는 갈대를 보았느냐》 《고무신을 신은 남자》, 장편소설 《티》, 산문집 《아버지 이야기》 외

밀양 密陽

밀양密陽 지명의 뜻에 '용, 미르의 들'이 들어있다. 'Secret Sunshine'이나 '볕이 빽빽한 마을' 뜻도 들어있다.

밀양의 어원을 미리벌, 용평龍平, 추화推火에서 찾을 수 있는데 네 지명 모두에 용이 들어있다. 미르 〉 미리 〉 밀의 음운 변화, 밀 추推를 적용한 이두吏讀식 한자 지명 채택을 생각해보면 금방 알 수 있다. 미르는 울길 좋아하는 용이다. 용의 발자취를 찾다가 중국 신석기시대 후기의 문화, 홍산 문화가 대표적인 동이족東夷族의 문화라는 기록을 봤다. 동이족에서는 애벌레 모양의 곡옥曲玉, 옥룡玉龍을 묘장墓葬 부장품으로 간직하게 했다. 상서로운 존재로 보는 홍산 문화와는 달리 원죄原罪를 가져오게 한 입술, 옛 뱀이 곧 용인 것도 알 만한 사람은 안다. 양陽은 볕, 벌 곧 들이다. 볕과 벌 사이가 좀 멀긴 해도 옛말에서는 가까울 수가 있다. 진양晉陽, 언양彦陽 등과 함께 들의

마을이다. 다만 평양平壤에서는 흙 양을 쓰고 있다. 혼자 생각인데 그 한 글자 때문에 남북통일이 되면 평양이 아시아의 중심국가가 될 것 같다. 그걸 미리 내다본 것일 수도 있다.

한사를 끌어 쓴 지명, 뜻을 넣은 경우도 많지만 한글이 없을 때 한글 대신으로 쓴 것이 너무 많다. 밀양密陽의 밀은 뜻보다는 소리다. 우리나라 이름 고려高麗(Korea)도 고구려에서 왔고 곰이나 굴에서 왔다. 굴의 옛말에 구리, 고리, 고구려, 고려 등이 있었다. 곰의 옛말은 고마인데 고려高麗를 일본에선 고마라 태熊를 구마라 읽고 있는데 곰이고 천손天孫 고구려 고려 민족이다. 중국 사람들이 가만히 보니 우리나라 사람들이 산속 굴에 살다가 곰처럼 나오는 걸 보고 고마, 고구려라 했다. 배달 한국(桓國)과 함께 불렀던 이름이다. 환桓은 환이 아니고 한으로 읽어야 한다고 한단고기(임승국) 표지 첫 문장에 있다. 배달은 밝달(밝땅), 박달에서 변한 말인데 조선朝鮮과 비슷한 뜻이다. 18세世까지 이어진 한웅의 시대가 한국이고 47세까지 이어진 단군의 시대가 조선이었다. 고조선의 본래 이름이 조선이었다. 이런 우리나라 이름들을 보면서 통일 한국의 이름을 고려라 하면 좋겠단 생각을 한다. 조선(고조선)이 조선(태조가 세운 나라) 된 것처럼, 한국(桓國)이 한국韓國이 된 것처럼 고려가 고려로 되면 좋겠단 생각을 한다. 고려가 되면 일본은 싫어할 것이다. 그 이름만으로 아우 나라, 아들 나라임이 세계만방에 알려지기 때문이다.

긴 우리의 역사 속에서 한반도까지 왔고 일본까지 흘러갔다. 그런 역사 속에서 우리의 대표적인 민요 아리랑이 물처럼 우리의 심성에 흘러왔다. 내가 살고 있는 밀양도 마찬가지로 홍산 문화가 물처럼 이어져 온 땅이다. 밀양아리랑 하나만 생각해봐도 그렇고 밀양의 지명을 들여다봐도 그렇다.

말은 그 자체 안에서 어떤 의미는 묻혀가기도 하고 어떤 의미는 새로운 얼굴로 내밀기도 한다. '밀양' 이란 말이 그렇다. 이창동의 영화 '밀양' 은 Secret Sunshine이다. 용 이야기와는 거리가 멀다. Secret는 은밀한, 비밀의, 깊숙한 등의 뜻이다. 영화 '밀양' 의 여주인공 전도연(자기 아들을 유괴한 피의자가 이미 하나님의 용서함을 받고 평안해져 있었다. 자기는 용서할 틈이 없었다. 여기서 그녀는 절망한다.)의 가슴에 내린 그늘, 깊고 가까운 곳에 주님의 햇살이 있다. 여주인공을 방황하게 한 그늘, 그 뒤꼍이나 옆이나 속에 그리스도의 은밀한 햇살이 이미 비치고 있다. 역설로 보일 수도 있지만 그런 햇살이 전제되지 않으면 방황할 일도 없다. 현대식 훈독訓讀, 밀양密陽은 '볕이 빽빽한 마을' 이다. 볕이 너무 빽빽해서 전국에서 최고 기온으로 유명해진 밀양이기도 하다. 그러면서 얼음골에는 한더위에 얼음이 어는 신비한 고장이다. 아리랑이 우리 한민족의 애환과 역사가 깃든 말이라면 밀양아리랑은 우리 밀양의 애환과 역사가 깃든 말이다. 밀양에 살면서 밀양아리랑을 노래할 때 끊을 수 없는 사랑의 줄이 굵어지고 단단해지고 길어지는 것이다.

'날 좀 보소 날 좀 보소 날 좀 보소' (하략)

김향지

소설 |

1996년 《경남문학》 신인상 수상
소설집 《그에게로 가는 길》《수선화 근처》《앗살람 알라이쿰 코리아》

용목 龍木

1.

장작을 패다 말고 잠시 길 건너를 보았다. 가을걷이를 끝낸 논바닥에 한 무리의 갈까마귀들이 내려앉고 있었다. 중산리로 향하는 도로로 차들이 지나갈 때 가끔 은행나무 가로수에서 노란 나비들이 흩날리곤 했다. 집집의 처마 끝에 곶감을 말리고 있는 풍경이 늦가을을 실감나게 했다. 며칠 전까지 만해도 번성하던 호박덩굴과 그령도 서리를 맞아 폭삭 주저앉았다. 이렇듯 한 해를 갈무리를 하는 사물들의 부산한 움직임에 내 마음도 초조하다. 작업하기에 좋은 건기의 시기인 이 가을과 겨울을 놓치고 나면 내년 가을에 있을 공예대전에 출품하기는 요원한 일이다. 가정의 모든 짐을 아내에게 맡기고 뜻을 펼쳐보겠다고 여기 지리산 자락 공방에 홀로 기거한 지 수 개월째, 웬일인지 시험을 앞두고 딴전을 피우는 수험생처럼 나는 몰입하지 못하고 있었다. 무언가 내 발목을 붙잡고 있었는데 그게 뭔지 딱히 알 수 없었다. 이번 공예대전의 출품작으로 고전성과 현대성, 실용성과 심미성을 두루 갖춘 서안을 만들고 싶었다. 서안은 승방에서 두루마리 불경을 펼쳐 놓고 읽던 경상으로 나중에는 선비들이 앉아서 책을 보던 책상으로 두루 쓰이게 된 것이었다. 그런 서안 하나가 놓이면 검소한 선비들의 방도 은근히 품위가 격상되었다. 내가 구상하고 있는 서안의 모양은 나비가 양 날개를 펼친 듯한 반곡의 두루마리 천판에다 하각은 간편한 수납을 할 수 있는 여닫이문과 그 아래로 호랑이 다리 모양을 갖추게 하고 싶었다. 여닫이가 달릴 부분에는 연꽃 모양을 새겨 넣을 것이며 여닫이문의 손잡이로는 잉어 모양의 백동경첩 위에 둥근 지환 고리를 달아 마무리할 예정이었다. 이런 의도대로 서안의 디자인 스케치와 도면 작성이 이미 끝났다. 이제 다음 단계는 도면대로 직접 나무에다 상판이며, 다리와 중대 그리고 족대를 그리는 마름질에 들어가면 되는 것이었다. 하지만 문제는 아직도 서안에 쓸 적절한 나무를 결정하지 못한데 있다는 것이었다.

무쇠 솥이 걸려 있는 아궁이 옆 창고에 팬 장작들을 들이다가 불현듯 아버지의 궤짝 두 개가 떠올랐다. 아버지가 돌아가신 지 두 달이면 이제 일 년이 되어 가는데 나는 아직 유품을 정리하지 못하고 있었다. 아버지와 살가운 정을 나눈 부자지간은 아니지만 아직도 아버지의 죽음은 덜 아문 상처처럼 아팠다. 몇십 년 동안 아버지와 동거동락하던 두 개의 궤짝이 있었는데 오늘은 그것이나 한 번 털어 봐야겠다.

궤짝에 채어져 있던 백동 잉어 자물쇠를 풀면서 다시 한 번 그 의문이 들었다.

'왜 용목 궤는 제석단 옆에 놓여 있었던 것일까.'

아버지의 죽음은 실족사로 추론되었다. 하지만 실족사로만 단정 짓기에는 약간의 의구심이 있었다. 아버지의 주검이 발견되던 그 당시도 그런 의문이 없잖아 있었지만 그때는 사건을 수습하기에 마음이 바빴었다. 실족사로 마무리하고 장례를 치렀지만 여전히 석연치 않은 부분은 남아 있었다. 아버지가 메고 간 용목 궤는 제석단에 놓여 있었고 아버지의 시신은 낭떠러지 아래에서 발견되었다. 만약 실족사라면 아버지가 메고 간 용목궤도 아버지 시신과 함께 낭떠러지 아래에서 발견되어야 했을 것이다. 그런데 용목궤는 아무 상처도 입지 않은 채 거기에 있었다. 아무리 해봐도 퍼즐을 맞추어 낼 수가 없다.

'만약 실족사가 아니라면? 아버지가 뛰어내렸다? 그럼 칠순이 넘은 아버지가 스스로 산 아래로 뛰어내린 이유는 무엇이란 말인가?'

머릿속의 생각이 거기까지 닿자 소름이 끼쳐왔다.

한 개의 궤짝을 털어내니 온갖 잡동사니가 나왔다. 뜻밖에도 속지가 바랜 공책 여러 권이 나왔다. 그 중 한 권을 펼쳐보니 그림과 함께 글로 나무를 고르는 법, 건조하는 법, 나무 자를 때 톱질을 하는 법, 풀 끓이는 법 등이 빼곡히 적혀 있었다. 아버지의 글씨체를 대하니 목에 뭉클한 것이 올라왔다. 한편으로는 지금과는 사뭇 다른 옛날식 맞춤법으로 쓴 아버지의 글씨체를 읽어 내려가니 웃음이 나오기도 했다. 완전 "심봤다!" 라고 외치고 싶은 심정이 되어 또 다른 공책을 얼른 펼쳐 보았다. 거기에는 수십 점의 작품 도안이 그려져 있었다. 서광이 비치는 것 같았다. 다른 공책에는 그동안 아버지가 만들었던 작품들의 공정과정에 대한 기록이 있었다. 일종의 작업일지 같은 것이었다. 그것에 의하면 아버지는 그동안 소반과 서안, 반닫이, 평상, 경대, 문갑, 장롱 등 100여 점에 가까운 작품을 만들었다. 어눌한 필체지만 꼼꼼히 기록된 네 권의 공책은 아버지의 전 생애의 족적이었다. 그런데 아버지는 왜 이런 기록들을 남겼을까. 마치 누구에게 전수할 의도가 있었던 것처럼 일목요연하게 기록되어 있었다. 설마 나를? 그건 아닐 것이다. 아버지는 내가 소목일 하는 것을 한사코 싫어했었다. 나는 꺼낸 모든 잡동사니를 네 권의 공책만 남겨 둔 채 다시 장롱 속에다 집어넣어 버렸다. 공책에서 아교풀을 끓이는 방법이 적힌 곳을 다시 들추어 읽었다.

'소가죽과 소뼈를 한꺼번에 넣고 한나절을 고운다. 고운 물을 체에 걸러 낸다. 시간이 지나면 곰은 묵처럼 응고가 된다. 돌처럼 딱딱해지면 그것을 곱게 가루로 빻는다. 필요할 때마다 다시 물로 개어서 쓴다.'

그제야 옛날 기억이 떠올랐다. 어릴 때 간혹 학교 갔다 올 때면 온 집안을 들쑤셔놓던 냄새가 있었는데 그 냄새를 따라가 보면 무쇠 솥에 가닿았다. 뚜껑을 열면 그 속에서 뿌연 곰국이 맹렬히 끓어오르고 있었다. 그것이 나중에 아교풀이 되었다. 아버지는 항상 자신이 쓸 풀을 직접 만들어 쓰셨다.

당장 읍내로 차를 몰고 나갔다. 식육점을 온통 뒤졌지만 소가죽을 구하기란 쉽지 않았다. 한 식육점에다 소가죽을 좀 구해다 줄 것을 부탁해 놓고 다시 공방으로 돌아왔다. 읍내에 나갔다 오니 벌써 해가 서쪽으로 기울고 있었다. 늦가을 해는 노루꼬리 같다고 했던가.

물을 끓이는 무쇠 솥 밑의 장작불을 들여다보다가 문득 시선이 천왕봉 쪽으로 가닿았다. 짐승의 등줄기 같은 산매들이 벌써 짙은 보랏빛으로 물들기 시작했다. 점점 어둠에 잠식되어 가고 있는 산의 가장자리는 마치 어둠 속에서 막 탄생하는 신생의 그것처럼 꼬물거렸다. 그러다가 세잔이 그린 생 빅투와르 산처럼 색이 지워지고 검은 실루엣만 남았다.

'진실은 도대체 무엇입니까'

나는 그 산을 향해, 아니 거기에 잠들어 있는 아버지에게 묻고 있었다.

마을 어귀에서 개 짖는 소리가 심하게 들려왔다. 개 소리는 점점 우리 집 쪽을 향했다. 등산복 차림을 한 낯선 방문객이 어스름의 마당을 들어서고 있었다.

"저 감나무를 보니 이 집이 맞는 것 같구먼……."

방문객은 우리 집 마당의 감나무를 바라보면서 말했다.

"여기가 김갑생 군 댁이 맞지요?"

아버지 연세쯤 되어 보이는 기품 있는 노인이었다.

"예. 맞습니다만?"

"자네가 혹 영식이?"

처음 보는 노인인데 나를 아는 것 같았다. 호주머니에서 명함을 꺼내 주면서 노인은 자신이 아버지의 친구라고 했다. 어스름 속이지만 명함에는 무슨 주식회사 대표이사 조득만이라는 이름이 박혀있는 것이 보였다.

"갑생 군은 계신가?"

나는 조금 머뭇거리다가 아버지의 돌아가심을 알렸다.

"돌아가다니? 그게 무슨 말인가?"

노인은 도무지 믿지 못하겠다는 표정이었다. 노인이 아버지를 마지막으로 본 것은 작년 11월이었다 한다. 아버지가 돌아가신 올 신년에는 사업상 해외에 있었으며 귀국한 지 얼마 되지 않았다는 것이다.

"아, 이리 무심한 사람 봤나!"

노인의 목소리에 허탄함이 스며있었다.

"그래, 유택은 어디에 썼는가?"

"제석봉에요."

"제석봉이라면? 저 천왕봉 쪽이 아닌가?"

조금 놀라는 목소리였다. 생전에 아버지가 그렇게 뜻을 밝힌 바가 있어서 거기다가 모셨다고 말했다.

"온 김에 누운 모습이라도 보고 가야겠는데?"

"지금은 해가 저물어서 산에 오르기는 무립니다."

노인은 하룻밤을 머물고 내일 제석봉으로 오르겠다고 했다. 노인은 아버지가 쓰시던 작업장은 어떻게 했는지 물었다. 아직 그대로 보관하고 있다고 했더니 노인은 작업장을 좀 봐도 되겠느냐고 했다. 노인을 작업장으로 안내했다. 나는 한쪽 탁자에 펼쳐 두었던 서안 도면지를 반으로 접어서 개었다.

"작품을 구상하고 있는 건가?"

"아뇨, 그냥 한번……."

나는 얼버무렸다. 노인은 내 의도의 진의에는 별 관심 없다는 듯이 곧 공방의 벽면 가득히 진열되어 있는 공구들을 훑어보았다. 나무의 치수를 재거나, 자르거나, 결을 다듬거나, 촉을 내거나 홈을 낼 때 쓰던 것들이었다. 아버지는 그것들을 사기도 하고 더러는 직접 만들기도 했다. 노인은 공구를 둘러본 뒤 가공된 목재들이 쌓여 있는 곳으로 다가섰다. 노인은 나무를 손으로 툭툭 두드려보거나 쓰다듬어 보기도 하였다.

"그 좋은 솜씨를 버리고 어떻게 갔을까?"

노인은 혼자 중얼거리듯 말했다. 노인은 목재들을 잘 판별했다. 나무빛깔이 하얗고 결이 빗살처럼 촘촘하고 고르게 내리쳐진 것은 오동나무, 갈색빛과 흰빛을 띠며 간간이 옹이가 눈동자처럼 박힌 것은 팽나무, 붉은빛을 띠며 소라고둥처럼 회오리가 급하게 쳐진 것은 참죽나무, 가운데는 붉고 가장자리는 희며 가로와 세로의 결이 고르게 쳐져 목리가 가장 아름다운 것은 옻나무. 노인의 해박함에 감탄하자 노인은 빙긋 웃으며 자신이 목재상이며 그 생활이 근 40년째라고 했다. 그제야 나는 아까 건네받은 명함에서 노인이 목재회사의 대표이사였다는 것을 떠올렸다. 노인은 한참 나무를 알아 갈 즈음에는 멀쩡히 서 있는 생목도 속을 좍 갈라 보고 싶었다고 했다. 지금은 속을 갈라보지 않아도 그 사정을 짐작할 수가 있다고 한다.

"그게 어디에 있을 텐데?"

노인은 뭘 찾는 눈치였다.

"뭘 찾으세요?"

"그 나무 말일세, 용목!"

"아, 용목이오?"

나는 용목이 보관되어 있는 작업 방으로 노인을 안내했다.

"그래, 바로 이거야!"

노인은 용목을 손으로 쓰다듬으면서 무척 흡족해 하였다.

"마치 두 마리 용이 꼬여 있는 것 같은 이 무늬! 이 용무늬가 있는 게 재목 중에서는 최상이야."

용목은 아버지도 귀히 여기던 것이었다. 그런데 노인은 이 용목을 어떻게 알고 있는 것일까?

"이걸로 작품 하나만 만들었어도 인생이 달라졌을 것인데."

"무슨 말씀인지?"

"그런 게 있네. 사실 이번에 내려온 것도 그 때문인데……."

애석함이 묻어 있었다.

우리 집에서 하룻밤을 묵으라는 내 권유에 노인은 굳이 가까운 숙박시설로 가고자 했다. 노인이 숙소를 정한 모텔 근처의 식당에서 함께 저녁을 먹었다. 시간이 지날수록 노인이 편해졌지만 아버지 생각에 마음이 울컥거리기도 했다. 반주로 노인은 맥주를 마셨다.

"소싯적에 나도 소목 일을 했었네. 그때 자네 부친도 만났고……."

노인은 열다섯 살에 통영 어느 공방에서 소목기술을 배우기 시작했다고 했다. 공방에 들어가서 처음 일 년은 바깥에서 나무만 나르고 그 다음 일 년은 마당에서 아교풀이나 부레풀을 끓였다. 2년 동안은 공방 안에는 얼씬도 못하고 3년째에 비로소 공방으로 들어가게 되었다. 그때부터는 선배들 작업 시중을 들었다. 시중을 들면서 연장들을 익혀 갔는데 선배들 연장들은 임의로 만져서는 안 되며 혹시 그런 짓이 발각되면 호되게 맞았다. 그렇게 연장 시중을 든 다음, 4년차에 한 일이 톱질이었다. 스승이 마름질할 나무에 그므개로 금을 그어 주면 거기에 대고 톱질을 했다. 그렇게 톱질만 삼 년을 했다. 톱질을 하면서 목리를 익혀가게 되었다고 한다.

"상처가 많은 사람들이 고집스럽고 거칠듯이 나무도 옹이가 있는 곳에는 톱날도 안 들어갔지."

노인을 통해 듣는 소목장의 길은 오랜 숙련이 필요한 일이었다. 그런 과정도 거치지 않은 내가 소목장이가 되겠다고 덤벼든 설익은 치기가 부끄러워졌다.

"자네 부친하고는 친구이면서도 라이벌이었지."

"왜 소목 일을 그만두셨습니까?"

"좋은 상을 만드는 일보다 좋은 상에 밥을 받아먹는 사람이 되고 싶었지."

노인이 웃으면서 말했다. 노인은 평생 소목장으로서 자부심을 가지고 살아오던 스승도 돈 때문에 공방 문을 닫게 되는 것을 보면서 소목이 될 것이 아니라 소목들이 만든 물건을 살 수 있는 사람이 되겠다고 결심했단다.

"나무 장사를 했어. 소목 일을 통해 배운 것을 활용해서 나무를 소목들한테 소개하는 거간꾼을 하기 시작했어. 그렇게 해서 오늘날에 이르게 되었지."

자부심이 찬 어조로 노인이 말했다.

"소목일 그만두신 것을 후회하지는 않으셨습니까?"

"계속했다 한들 무슨 큰 영화를 누렸겠나?"

노인의 얼굴에 조소가 스쳐갔다. 하긴 그랬다. 아버지는 겨우 오십이 되어서야 여기 지리산 기슭에다 자신의 공방을 마련할 수 있었다. 처음에는 공방일로 세 식구 살아가기도 힘들었다. 어머니가 남의 집 일이며 온갖 일을 마다않고 했기에 생계를 겨우 이어갈 수 있었다. 아버지는 목물을 만들 줄만 알았지 내다 팔 줄도 몰랐다. 아버지가 만든 목물들을 어머니가 장에다 내다 팔고 또 주문을 맡아 오기도 하면서 조금씩 입소문이 났다. 어머니의 맵찬 살림솜씨로 땅을 사서 농사를 병행하게 되면서 생활이 좀 나아졌다. 이렇게 살아온 아버지의 생애와 비교하면 노인의 판단은 현명했다고 볼 수 있다.

"만약 부친이 무형문화재가 되었으면 어땠겠나?"

"소목장이라면 누구나가 한 번쯤은 꿈꾸어 보는 것 아닐까요?"

"자네 부친은 그걸 마다하더군."

노인의 눈빛에 비웃음이 역력했다. 반주를 한 노인의 얼굴이 벌겋게 달아올라 있는데다가 눈빛마저 그러하자 노인의 얼굴이 처음에 본 이미지와는 영 딴판으로 다가왔다. 그런 노인의 모습에 이상한 감정마저 들었는데 딱히 그걸 뭐라고 해야 할지 생각나지 않았다.

"그런 일이 있었습니까?"

아버지가 무형문화재에 지정될 수 있었다는 사실은 처음 듣는 소리였다. 아버지가 왜 무형문화재에 지정될 수 있었던 기회를 거절했을까 잠시 의문을 가져보았지만 곧 아버지의 성정을 미루어 보아 이해할 것도 같았다.

노인과 헤어져 집으로 돌아온 뒤 아버지에 대한 그리움에 젖어서

밤늦도록 궤짝에서 건져낸 아버지의 공책을 뒤적거리다가 그동안 아버지의 작품이 출고된 상황에서 특이점을 발견하게 되었다. 최근 십 년간 상당한 금액을 치르고 작품을 주문제작 해 간 사람은 하나같이 동일 인물이었다. 최재상이라는 사람이었다.

다음 날 아침 일찍 승용차로 노인을 태우고 중산리 버스 정류소로 향했다. 중산리 정류소의 매점에 들러 소주와 간단한 제수거리가 될 만한 것들과 점심식사 대용할 간식거리를 샀다. 차에 싣고 간 궤에 제수거리를 넣고 광목 끈으로 그것을 어깨에 메자 노인이 웬 궤냐고 물었다. 나는 제석봉에 오르면 말씀드리겠다고 하며 제석봉을 향하여 앞장을 섰다. 중산리 분소를 지나 좁은 산길로 들어섰다. 노인은 점점 높이 오르면서 쇳소리 같은 숨을 쉿쉿 내쉬었다. 칼바위에 도착해서는 우리는 한동안 멈추어서 숨을 골랐다.

갈대 군락 사이로 드문드문 하얀 구절초와 보라색 쑥부쟁이들이 어우러진 고사목 일대에 점심때가 지난 오후에 도착했다. 노인은 한동안 휘휘 숨을 고르고 나서야 정신이 나는지 고사목 일대를 돌아다 보았다.

"내가 마지막으로 지리산엘 오른 적이 언제더냐? 벌써 오십 년이 되었나?"

"오십 년 전이라면?"

"한때 잠깐 먹고살기 위해서 지리산에서 자네 아버지하고 같이 벌목꾼으로 일한 적이 있었지. 그때는 둘 다 혈기왕성한 청년이었는데……."

노인의 얼굴에 쓸쓸한 빛이 잠깐 감돌았다. 그런데 아버지가 한때 지리산에서 벌목일을 했다는 것은 처음 듣는 소리였다. 한번도 아버지는 그런 얘기를 한 적이 없었다. 노인은 아버지의 유택이 어디냐고 물었다. 나는 그제야 묘를 쓰지 못했다고 노인에게 고백했다.

"그게 무슨 말인가?"

"평소에 화장을 해서 제석봉 일대에 뿌려 달라고 하셔서……."

"이리 허망한 일이 있나?"

나는 죄인이 된 심정으로 말없이 궤를 내려놓고 제를 지낼 준비를 했다. 간단한 제상 앞에서 절을 올리고 난 뒤 술을 주위에 흩뿌렸다. 노인과 나는 음복을 했다.

"갑생이는 좋겠구먼. 이 너른 벌판에 하늘을 벗 삼아 누웠으니!"

노인이 혼잣말하듯이 그렇게 말했다.

"저건 어찌된 고사목들인가?"

노인이 고사목들을 바라보며 말했다.

"횡사목이라 해야 옳겠죠?"

"무슨 뜻인가?"

나는 항간에 전해오는 이야기를 노인에게 들려주었다. 자유당 시절에 농림부장관의 삼촌이라는 자가 제석봉에 재제소를 차려 놓고 불법으로 나무를 베다가 문제가 되자 그 증거를 없애려고 사람을 시켜 불을 질렀다는.

"오히려 장관이 되었네 그려."

의외의 반응에 나는 조금 충격을 받았다.

"아버지가 돌아가신 곳도 여깁니다."

"저런!"

"아버지는 새해 아침이 되면 늘 이곳에 오르셔서 제사를 지냈답니다. 이 용목 궤도 그때 메고 다니시던 것이었어요."

"왜 새해에 여기 와서 제를 지낸단 말이야?"

노인이 인상을 찌푸리면서 물었다.

"어머니의 말씀으로는 횡사목들의 영혼을 달래기 위해서라고 그러던데요."

노인의 표정이 어두워졌다.

"올해도 눈 덮인 제석봉에 올라 제사를 지내고 내려오시다가 미끄러져서……."

아버지 죽음에 대한 부연적인 의문에 대해서는 노인에게 말하지 않았다.

"쯧쯧, 객사를 했구먼!"

마치 아버지의 임종을 지키지 못한 것을 문책당하는 느낌이 들었다.

"그런데 이 고사목들이 자네 부친하고 무슨 관련이 있나?"

나는 갑자기 말문이 막혔다.

"그렇지 않고서는 왜?"

나는 대답이 궁색해졌다. 지금 생각해보니 정말 이상한 일이었다. 갑자기 등줄기에서 한기가 느껴졌다. 노인이 화제를 바꾸어 내게 물었다.

"앞으로 소목 일을 할 셈인가?"

"확신이 서지 않습니다. 아버지도 원하신 바는 아니었구요."

"그건 자네가 모르는 소릴세."

노인이 고갯짓을 했다. 뜻밖의 말에 시선을 노인에게 집중했다.

"운명이라면 할 수 없다 했어. 그게 무슨 뜻이겠나? 자네가 꼭 하겠다면 시키겠다는 말이겠지."

"언제 그런 말씀을?"

"작년에 마지막으로 자네 부친을 만났을 때도 그런 뜻을 비치던걸?"

"그때는 제가 소목 일에 대해 별 생각이 없었을 땐데……."

"좋은 나무들을 남긴 이유가 무엇이겠나? 다 후세에게 물려주려고 그랬겠지."

노인의 유추를 그대로 믿기에는 혼란스러웠다. 아버지는 자신의 일을 자랑하지도 싫어하지도 않은 채 그저 묵묵히 일했지만 웬일인지 내가 소목 일을 배우는 것은 원치 않았다. 내가 공방을 기웃거리면 아버지는 호통을 쳐서 나를 내보냈다. 초등학교 때, 공방에서 쥐꼬리톱을 하나 꺼내어 마당에 서있는 감나무에 새기기를 하고 있었는데 아버지가 연장을 빼앗고 종아리를 쳤다. 손재주가 있던 내가 종종 뭔가를 만들어서 학교에서 상을 받아오곤 했는데 그것에 대해서도 아버지는 냉담한 반응을 보였다. 결정적으로는 아버지와 같은 공예가가 되겠다는 꿈을 내가 포기한 것은 고등학교 일학년 여름방학이었다. 아버지는 여름이면 작업을 거의 하지 않고 좋은 나무를 매입하러 출타하셨다. 아버지가 안 계시는 공방에 들어가서 호기심에 연장들을 만지작거리기 시작하다가 뭔가를 만들기에 이르렀다. 며칠 후 아버지가 돌아와서 내가 만들어 놓은 아직 칠을 입히지 않은 소반 백골을 보고는 크게 화를 내고 그것을 도끼로 두들겨 부수었다. 그로

인해 싹을 틔우기 시작하던 내 꿈은 무참히 부서져 내렸다. 그렇게 아버지의 완고한 만류로 손재주가 있고 만드는 것을 좋아했던 나는 나의 특질과는 거리가 먼 행정직 공무원이 되어서 살아가게 되었다. 오랫동안 판에 박힌 관료생활을 하다가 창작을 하겠다고 마음을 먹게 된 것은 올봄이었다. 갑작스런 아버지의 죽음으로 인해 아버지 공방 처분을 두고 고민하다가 내가 이 공방의 새로운 주인이 되기로 결심을 했던 것이다. 아내와 심도 깊은 대화를 통해서 얻어낸 결론은 일 년 동안만 휴직을 하고 창작 생활을 해 보는 것이었다. 무모하게도 오십의 나이에 어릴 때 꾸었던 꿈을 향해 첫걸음을 내걸었던 것이다.

"자네는 나무를 무엇이라고 생각하는가?"

나무는 무엇인가? 갑자기 충격이 왔다. 한번이라도 이런 물음을 해 본적이 있었던가.

"나무는 철저히 이기적인 존재야. 나무는 다른 누구를 위해서 생존하는 게 아니야. 순전히 자신이 살기 위해서 강해지는 거지. 자기가 살아남고 난 뒤에 그 그늘에 다른 생물들을 키우지. 그런 강한 나무만이 다른 생명에게 은혜를 베풀고 다른 용도로 사용되어 영광을 누리게 되는 거라네."

나무에 대한 노인의 신념을 들으면서 문득 작년 봄에 칠순을 맞이한 아버지가 나에게 하신 말씀이 떠올랐다.

'나무와 나는 둘이 아니다. 자, 이 손을 한 번 봐바라. 어쩌면 이 손이 꼭 나무를 닮아 가는 것 같지 않노? 꼭 나무껍질 같지 않노?'

아버지는 그때 처음으로 용목을 베던 때의 사건을 얘기해 주었다.

산업화 시대가 한참일 때 어느 시골 마을 한복판으로 고속도로가 나게 되었다. 마을 사람들은 이미 이주를 한 뒤였지만 문제가 있었다. 마을 한복판에 있는 당산나무를 베어내어야 하는 일이었다. 그 나무는 오백 년이 족히 넘은 느티나무였는데 사람들이 당산나무라 하여 베기를 꺼려하고 있었던 것이다. 소문을 들은 아버지가 그 나무를 좋은 값에 구입하여 나무를 직접 베기로 했다. 나무를 베기 하루 전날 아버지의 꿈에 하얀 수염을 기른 노인이 나타나서 나무를 베지 말아 달라고 부탁을 했다. 아버지는 꿈이 좀 마음에 걸리긴 했지만 나무에 명태와 흰 종이를 걸어두고 나무의 죽음을 위로하는 제를 지낸 뒤 나무를 베기 시작했다. 환청인지 어쩐지는 몰라도 아버지는 그 용목의 떠는소리와 울음소리를 들었다고 한다. 그것을 무시한 채 그 나무를 베다가 아버지는 나무에서 떨어져 다리를 다치게 되었고 한동안 자리보전을 하고 눕게 되었다. 실어증까지도 걸렸었다. 동네 사람들은 당산나무를 베어 동티를 만난 거라고 수군거렸다. 어머니가 무당을 불러다 굿을 하고 절에 다니면서 불공은 드리는 등 한동안 애를 쓴 다음에 아버지가 일어날 수 있었다. 이 사건 이후 아버지는 나무를 바라보는 시선이 달라졌다 한다. 나무는 단순한 사물이 아니라는 것을. 그 후 용목은 20년 동안 아버지 작업실의 공방에서 동고동락했다. 제석봉에 오를 때 쓰기 위한 작은 궤를 만들었을 뿐. 쓰지 않고 오직 아껴두고 보존해 왔던 것이다.

"한평생 나무를 파먹고 살았으니 이번에는 내가 나무한테 줄 차례지. 내 죽거든 화장해서 필히 제석봉 나무들 밑에다 거름으로 한줌씩 뿌려라. 그거로 한평생 산 갚음으로 부족하겠지만 한때는 넉넉지 않겠나."

그런 말을 하던 아버지 입가에 잔잔한 미소가 함께했었다. 그때 아버지 말을 듣고 있을 때 서늘한 기분이 들었다. 이후에 아버지의 말이 실현되었다.

노인과 아버지는 나무에 대하여 매우 상이한 생각을 가지고 있었다.

"어제 말씀하신 그 무형문화재 말씀인데요. 아버지는 왜 그걸 거절했을까요?"

"내 말이 그 말이야. 자네 부친은 너무 답답이야. 내가 윗선을 많이 알고 있거든. 자네 부친 작품을 참 좋아하는 분이 있었는데……."

"그건?"

"원래 그런 거야. 예술 방면이 실력만 있다고 되는 게 아니거든."

목구멍에서 뭔가 치밀어 올랐다.

"집에 있던 그 용목 말이야. 그런 좋은 나무로 삼층장 하나만 척 만들어 주면 끝날 일을. 답답한 사람……."

아버지가 그런 제의를 거절할 것은 뻔했다.

"그때 언젠가 말이야, 자네 아버지가 공예대회에서 삼층장으로 대상을 받았지 않았던가?"

"아, 네. 그때? 생각납니다."

"상을 반납한다고 해서 신문에 대서특필되지 않았던가? 그 바람에 나도 몇십 년 만에 자네 아버지를 다시 만날 수 있었지만……. 사람이 참 별나지 뭔가? 너무 그렇게 명예를 멀리해도 오만해 보이는 법이거늘."

언젠가 공예대전에서 아버지의 삼층장이 대상의 수상자가 되었는데 상을 반납했다. 그때 아버지는 처음이자 마지막으로 대회에 참여했었다. 그것도 아버지 의지는 아니었다. 아버지의 작품을 사들인 사람이 아버지의 작품이 너무 좋아 그것을 아버지의 이름으로 공예대전에 출품했던 것이었다. 그만 그게 대상에 선정되었다. 아버지가 상을 거부하는 한바탕의 소동이 벌어졌었다. 그처럼 아버지는 어디 나가서 자기 이름을 내세우는 일을 싫어했다. 자신은 그냥 일개의 소목일 뿐이라 했다. 게다가 용목이 어떤 나무던가. 용목은 아버지 목숨을 바꾼 거나 다름없는 나무가 아니던가. 그런 용목을 아버지가 불의를 저지르는데 쓰지 않음은 당연했다.

노인이 떠난 뒤 한동안 마음이 어수선해져 있었다. 한편으로는 노인의 출현으로 더욱 확실해진 것도 있었다. 그것은 아버지의 성정이었다. 집안사람들이 생각하기에도 융통성 없는 외골수였는데 남들이 보기에도 역시나 그러하다는 것. 하지만 아버지가 매 신년 아침에 제석단에서 제를 지낸 이유에 대해서는 전보다 훨씬 혼란스러워졌다. 왜 아버지는 신년마다 제를 지내왔을까.

아버지의 공책에서 본 최재상이라는 인물을 확인해보고 싶은 생각이 들었다. 공책에 적힌 전화번호로 전화를 걸었더니 어느 전통가구점과 연결이 되었다. 최재상이라는 사람은 그 가구를 운영하는 대표였다. 나의 신분을 밝히고 그동안 아버지의 작품을 매입한 것에 대하여 확인해 보았다. 그 사람은 자신은 아버지의 작품을 중간에서 소개만 해 준 사람일 뿐 실제 물건을 구입한 사람은 따로 있다고 말했다. 내가 그 사람을 알려 줄 수 없느냐고 말하자 그건 말해 줄 수 없다고 했다. 다만 서울에 사는 아주 유력한 재력가라도 말했다.

"작년에 부친과도 이런 내용의 통화를 한 적이 있었습니다. 그때도 그런 말을 했지만 누가 샀으면 어때요? 작품을 알아주는 사람이 있다는 것으로 감사할 일이죠. 사실 수요자가 있어야 공급도 창출되는 것 아니겠어요? 영감님 작품들을 애호해주신 조 회장님이야말로 정말 고마우신 분이죠."

전화 통화를 통해서 나는 뜻밖에도 퍼즐 조각 하나를 찾게 되었다. 아버지가 돌아가시리라고 생각지도 못했던 작년 가을 어느 날인가 생애 처음으로 아버지가 나에게 먼저 전화를 한 적이 있었다. 술을 드신 듯했다.

"사람은 말이다, 자존심이 상하면 살아갈 수가 없는 것이야. 애비야, 너랑은 자존심을 다치는 짓은 하지 말고 살아. 돈 때문에 양심을 팔지 말고, 적으면 적은 대로 족히 여기고 살아. 분수껏 살면 양심을 팔 이유도 없어!"

술 주사를 부린다고 하기에는 뭔가 가슴에 콱 박히는 소리들이었다. 그런 전화를 하고 난 뒤 몇 달 후에 아버지는 신년 아침에 제석봉에서 숨을 거두셨던 것이다.

노인의 휴대 전화에 전화를 걸었다. 노인의 음색은 좋지 않았다. 하지만 나임을 알아보고 반가워하는 기색을 보였다.

"여쭙고 싶은 것이 있습니다."

"뭔가?"

"혹시 최재상 씨라는 분을 아세요?"

노인 측에서는 아무런 응답이 없었다.

"왜 아버지 작품을 간접적으로 사 들이신 겁니까?"

노인이 잠시 침묵 후에 서늘한 말투로 말했다.

"왜인 줄 아나? 보여주고 싶어서지."

"뭘, 말입니까?"

"기술보다 더 뛰어난 것이 있다는 것……."

"그게……."

"돈이지, 돈!"

나는 목구멍에서 뭔가가 울컥 치받아 오름을 느꼈다.

"그건 정말 아버지를 위한 건가요?"

"뭘 말하는 게야?"

"무형문화재 말예요! 어르신이 사들인 아버지 작품의 가치를 높이려고 한 거 아닌가요?"

노인은 선뜻 답하지 못했다.

"아무렴은 어때? 자네 아버지가 무형문화재가 되었으면 누이 좋고 매부 좋았을 일이야."

"돈보다 더 중요한 것도 있습니다."

노인이 잠시 침묵을 지켰다.

"돈보다 중요한 건 긍지이지요. 그게 꺾이면 사람이 죽을 수도 있습니다."

"그깟 긍지가 뭐 그렇게 중요해?"

"어떤 사람에게는 목숨과 바꿀 만큼 중요하기도 합니다. 특히 제 아버지께는……."

"갑생이가 뭐 자살이라도 했다는 거야?"

"그렇다고 볼 수 있습니다."

노인은 충격을 받은 듯했다. 눈동자가 흔들렸고 한동안 말을 잇지 못했다.

"그게 어디 나 때문이야?"

노인이 불쾌한 표정으로 말했다.

나는 그러하다고 단언하지는 못했다.

"제석봉에 불 지른 거 말이야. 그때 먹고 살길이 막연해서 우리들이 돈 받고 한 짓이었지. 저나 나나 입 다물고 있으면 그만인데. 세월 다 지나서 이제 새삼 자살까지 할 게 뭐야? 사람이 약해 빠져서 말이야. 갑생이는 그게 탈이야, 그게!"

노인이 으르렁거리듯 말했다. 노인의 그 번들번들한 이마와 야비한 미소와 빈정거리는 말투가 온통 내 몸을 끈적끈적 휘감는 것 같아 소름이 돋쳤다. 그제야 지금껏 노인과 이야기를 할 때마다 느꼈던 내 목구멍을 통해 올라오던 그 스멀거림의 정체가 무엇인지 알 것 같았다. 환멸감이었다. 저쪽에서 먼저 전화를 끊었다. 그동안 맞추어내지 못한 퍼즐 한 조각은 노인이 들고 있었다. 하지만 밝혀진 진실의 충격에 몸을 가눌 수가 없었다.

하루에 한 번씩 제석봉에 올라서 저물도록 앉았다가 내려오곤 했다.

'아버지가 제석봉에 불을 질렀다 해도 아버지 스스로를 바쳤으니 이제 셈이 끝난 거 아닌가요? 아버지 영혼이 편히 쉬게 도와주세요.'

나는 고사목들을 향해 간절히 염원했다.

작업장에서 나무들 하나하나를 톺아 본다. 나무는 무엇인가. 아직은 모르겠다. 하지만 작업장에 남겨진 나무는 아버지 마음이라는 것만은 안다. 어쩌면 아버지는 자신처럼 나무들 목숨에 의지해 자신의 목숨을 부지하고 살아갈 아들의 운명을 예감했는지도 모르겠다. 서안 작업을 착수하기로 마음먹었다. 서안의 상판으로 쓸 재목을 결정했다. 용목을 작업대 위에 올린다. 그므개를 잡고 섰다. 잠시 심호흡을 한다.

'앞으로 이 길을 걸으면서 짓는 내 업은 내가 갚을 게요. 아버지.'

아버지의 혼백이 내 손을 이끌어 주길 간절히 빌었다.

'작업을 할 때는 나무도 없고 너도 없어야 하는 것이다. 없다는 생각도 없어야 되는 것이여!'

아버지의 호통 소리! 다시 한 번 호흡을 가다듬는다. 과감하게 그므개를 내리긋는다.

소설 | 김현우

1964년 《학원》 장편소설 당선
장편소설 《하늘에 기를 올려라》, 소설집 《옥개명물전》 외, 동화집 《산메아리》 외 다수

칠불사의 연緣

조남칠 선생은 칠불사 아랫마을 범왕리에서 10여 년 전부터 민박집을 하는 늙은이다. 그러니까 칠불사와 인연을 맺어 그 덕에 먹고사니 칠불사의 그늘 덕을 톡톡히 보는 사람들 중 하나다. 그는 바둑에는 실력과 재주가 있이 화개면 근처에서는 적수가 없다 할 만큼 고수로 통했다. 예전 바둑계의 명인이며 국수였던 조 아무개 선생과 비견할 바둑 실력이란 소문은 그게 허명虛名이든 뭐든 간에 하동군내에서 바둑을 제법 두노라 하는 바둑광 사이에서는 널리 알려진 사실이기도 했다. 그래서 도전자가 끊임없이 찾아왔다. 모두들 그를 '하동 조 명인' 이라 과대포장해서 부르면서…….

"사실 예전 국수 그 양반과 글자도, 그것도 획수 하나 틀릴 뿐이지, '칠' 짜와 '철' 짜가 획 하나가 더 있고 없고 차이가 아닝가? 국수 조 9단이야말로 우리나라의 기단에서 입신 경지에 드신 영원한 명인이

심에 틀림없고! 하동 칠불사 아래 조 선생이야말로 프로기사는 아니지만 초야에 숨어 지내는 명인임에 틀림없어! 아, 그 수가 신출귀몰이라니까!"

젊어 우리나라 산이란 산, 골짜기란 골짜기는 죄다 답사해 산귀신이란 별호가 붙은 박태산은 근래 조남칠 선생과 바둑을 두게 되면서 입에 침이 마르게 떠들고 다녔다. 이제 환갑을 바라보는 나이가 된 박태산은 미친 듯이 등산을 하던 버릇을 버리고 칠불사 동쪽 한참 올라가는 의신골짜기 안에 만여 평 땅을 사서 집을 짓고 토종벌도 치고 약초도 심고 집은 등산객을 위한 휴게소로 꾸며 놓고 있었다. 그러나 그는 등산하는 병이 철따라 도지면 배낭을 둘러메고 일주일이고 열흘이고 산장을 아내에게 맡겨 놓고 떠나 어디론가 바람처럼 사라졌다가 돌아오곤 했다.

조남칠 선생은 진주에서 초등학교 교사로 지내다가 명예퇴직을 했다. 환갑 나이쯤 되니까 젊은 동료들과 지내기가 어색했고 학부형들이 늙은 선생을 기피하는 기색이 역력해서 그만 퇴직을 하기로 결심했던 것이다. 그는 학교에서 바둑을 즐겼고 기원에도 종종 출입을 했지만 자주 대국을 하며 놀러다녔던 곳은 복덕방이었다. 그가 사는 동네의 복덕방 영감이 바둑을 좋아했고 드나드는 사람들이 바둑 두기를 좋아했다. 그가 칠불사 아래 민박집을 사게 된 것도 부동산 사무실을 드나든 덕분이었다. 하루는 강 사장이란 부동산업자가 그랬다.

"하동에 괜찮은 물건이 한 건 나왔어요. 조 선생이 명예퇴직을 한다니까 생각이 나서 알려주는 겁니다. 퇴직금 몽땅 털어서 아주 싼 집 사서 민박집 한번 해 보이소, 하동 화개면 범왕리라는 곳인데 집을 짓다가 건축비에 내몰려 부도가 나서 나온 공매물건인데 벌써 유찰을 두어 번 했기 때문에 예정가보다 훨씬 떨어져 있어요."

강 사장은 법원을 들락거리면서 공매처분되는 부동산을 주로 취급하는 거래전문가였다. 둘러앉았던 사람들이 대부분 부동산업자들이라 자기들끼리 정보를 주고받고 한참동안 말이 많았다. 그러다가 부동산 사장인 김 영감이 결론을 내리듯 권했다.

"조 선생. 당장 그래하소. 내가 알기론 하동 쌍계사 근처도 좋겠지만 거기서 조금 올라간 골짜기, 거 칠불사 근처도 앞으로 괜찮을 것이요. 그라고 공매가격도 많이 다운되었다니 인수하면 유리할 거요. 요즘 가족 단위로 휴가를 다니는 풍조이니 민박집 재미가 쏠쏠할 거요."

"허어! 난 불교 신자도 아닌데? 인연이 있다면 몇 해 전 칠불사를 구경하러 갔다가 거기서 점심 공양을 얻어먹은 거뿐인데요?"

"보라모! 부처님이 그리로 인도하시는 거로군! 조 선생이 천상 절밥을 묵을 팔자인가보네?"

일은 일사천리로 진행되었다. 조 선생이 승낙하는 한 마디가 떨어지자 다들 교직에서 퇴직하는 바둑친구를 위하여 도움이 되는 정보도 들려주고 구입자금도 구해 주겠다는 등 신경을 써 주었고 그도 완공단계에 있는 건물을 둘러보고는 강 사장에게,

"내 지금 살고 있는 집도 팔고 퇴직금도 몽땅 털어넣을 테니 그것 인수해 주소."

하고 결심을 굳혔고 얼마 지나지 않아 조 선생은 아내와 단둘이 칠불사 아래 민박집 건물로 이사를 했다. 집은 방이 다섯 개인 2층 몸

채 외에 민박 손님을 맞기 위한 단층 건물 3동에 방이 열 개나 있었다. 건물은 완공되었으나 널찍한 마당과 뜰에 조경도 해야 했고 부속 건물들도 짓고 진입로도 포장해야 했다. 은행에 빚을 내기도 했지만 어쨌든 민박집은 개업을 하게 되었고 걱정했던 것보다 다행스럽게도 그런대로 초반에 운영이 잘 되었다.

"철주 스님이 왔는디요?"

느티나무 아래 평상에서 박태산과 바둑판을 사이에 놓고 한가하게 지내고 있는데 허드렛일을 하는 일꾼 주삼이 달려와 알려주고는 핑 달아났다. 주삼은 그 이름자에 술 주짜가 들었는지 술고래였다. 한 달에 두어 번은 술에 골아떨어져 집안일을 하지 않았다. 전에는 술을 마셨다 하면 사흘이고 닷새고 끝장을 보았다는데 이제 나이도 있고 해서 주량을 크게 줄이고 조심을 한다고 다짐하는 소리를 곧잘 하지만 술버릇은 여전했다. 주삼이 뒤를 따라가듯 7호실 이계수 씨와 8호실 황지니 여사가 절에 가려는지 대문을 나서고 있었다. 문을 들어서던 건장한 체격의 스님이 유심히 황지니 여사를 바라보며 합장하며 아는 척했다. 한 달여 이곳에 머물고 있는 그녀는 예불을 드리러 매일 절을 드나들었기에 서로 안면이 있었다. 그러나 여인은 잠깐 눈길을 스님께 주었다가 말없이 합장을 하고 지나쳤다. 여자와 같이 나가던 사내는 본척만척 제 갈 길을 휘적휘적 힘없이 걸어갔다. 사내는 말기 폐암 환자로 산청 어디 용하다고 소문난 의원의 치료를 받으러 며칠 전에 와서 머물고 있었다.

칠불사 철주 스님은 조 선생과 바둑 친구이다. 오후 좀 한가한 시간이면 불경 공부는 잠시 미루어두고 칠불민박집으로 내려왔다.

"아이고! 우화등선羽化登仙 하싰능가 했지. 통 보이지 않길래……."

앉은 채 엉덩이를 조금 들썩하며 조 선생이 스님을 맞았다. 박태산은 바둑판에 눈을 내리꽂은 채 고심하느라 고개를 들지 않았다. 머리통이 보통 사람보다 유난히 큰 스님은 웃으면서,

"우화등선이 뭔교? 우리 같은 땡중이 예전 칠불 그 부처님 발뒤꿈치도 못 따라가지요."

하고 박태산의 등을 툭 치며 앉았다.

"황 보살님하고 나가는 분이 누구요? 남편인가?"

박태산은 힐끗 스님을 바라보며 퉁명스레 말했다.

"지족선사가 따로 없군 그래. 퉁방울눈에도 황진이 엉덩이가 눈에 확 들어오던가베? 옛날 송도삼절이라 캤다며? 박연폭포에 화담 서경덕 선생에 기생 황진이. 황진이 그 절색미녀가 30년간 면벽 수도하는 스님이라꼬 소문이 난 지족선사를 찾아가 옷을 홀랑 벗고 유혹을 하니 단번에 넘어갔다카데. 30년 면벽수도가 미인이 꼬리 한 번 치니까 도로아미타불이 되었다꼬!"

"허어! 산귀신이 대낮에 나와서…… 누가 이 귀신을 왜 안 잡아가나? 난데없이 지족선사는 왜 들먹이노?"

"그런데 황진이가 화담 선생을 찾아가서 또 옷을 홀라당 벗고 꼬리를 살랑살랑 쳤는데 그 꼴샌님 선비는 글만 읽고 있었데요. 불알을 찬 사내라면 요조숙녀가 아니라 노류장화 기생년을 그냥 둬요? 단방에 조지지!"

박태산의 거침없는 말에 조 선생이 손을 내저으며,

"태산이! 우리 철주 스님께 지족선사는 뭐고 황진이는 또 뭔가? 그

얘긴 유교를 숭상하던 조선시대 불교를 깔보려는 의도로 양반 선비들이 만들어낸 얘기야. 우리 같은 중생들이야 미녀를 만나면 혹하는 게 당연하지만 도가 높은 스님들이야말로 오불관언이 아니었겠나?”

하고 사리분별을 가리라고 은근히 다짐 두는 말을 했다. 잠깐 지족선사의 얘기에 우두망찰해 하던 철주 스님은 ‘거 봐라!’ 눈짓하며 무거운 몸을 평상에 내려놓았다.

“난 우리 스님이 황진이 고운 자태에 사십 수년 쌓아올린 공든 탑을 일시에 허무하게 허물고 속인이 될까 걱정이 되어 그러지요. 저 황 여사가 얼마나 예뻐요? 나이가 우리 나이보다야 적다지만 오십이 넘은 여자치고 어찌 저리 몸이 허리가 호리낭창 날씬하고 피부는 얼마나 고운지. 예전 세수하고 머리만 빗어도 황진이 그 얼굴에 광채가 났다는데 꼭 황 여사가 그렇소.”

“허어! 여기 정신 빠진 사내가 또 하나 있군. 지족선사를 나무라더니! 황진이, 황진이! 요새 그런 유행가가 인기라더군.”

“아닙니다. 조 선생님. 황지니 여사가 보통 여자는 아닐 거요.”

“나도 궁금해서 뒷조사를 해 봤는데 늙은 기생이 틀림없더군. 우리 집 사람과 얘기를 했는데 서울에서 큰 요정을 경영했다더군. 그 요정은 재력가는 물론 정치가, 권력자들로 문전성시를 이루었대. 왕년에. 그러다 최근 얽히고설킨 복잡한 일이 생겨 요정 경영을 후배에게 넘기고 떠나온 거래.”

조 선생의 얘기에 두 사람은 고개를 끄덕거렸다. 황지니 여사는 칠불민박집에 정처를 정한 후 한 번도 외출을 하거나 누가 찾아오는 일도 없었다. 완전히 과거와 결별하려고 지리산 토끼봉 골짜기를 찾아

온 듯 누구와도 연락을 하거나 받지도 않았다. 그 흔한 휴대폰을 지니고 있는지 없는지도 모를 지경이었다.

그녀가 조 선생 민박집에 처음 와서 말하기를 쌍계사 입구 마을의 민박집에서 하룻밤을 잤는데 차 소리 바람 소리 사람 소리에 잠을 설쳤다고 했다. '더 골짜기 안으로 올라가보자.' 하고 용강에서 승용차를 몰고 계원, 모암 마을을 거쳐 신흥 삼거리에서 대성리로 가려다 칠불사란 절 이름에 이끌려 범왕천 내를 따라 구경삼아 올라온 곳이 칠불사 아래 마을 오송이고 가래골이고 범왕마을이라 했다. 그녀는 칠불사 절 구경을 한 다음 민박집을 찾아왔던 것이었다.

조 선생은 그때 장작을 패는 주삼과 함께 일을 하고 있었다. 박태삼이 자기 소유 산에서 베어낸 나무를 실어 왔기에 그걸 정리하던 참이었다. 주삼은 웃통을 벗어젖히고 도끼를 휘두르고 있었다. 그는 잘게 쪼개진 장작을 주워 모아 손수레에 담아 창고로 가져갔다. 겨울철 벽난로에 불을 때면 솔향기가 집안을 가득 채웠는데 그 냄새를 민박하는 도시 사람들이 참 좋아했다. 황지니 여사는 땀을 흘리며 일하고 있는 남자 둘을 한참이나 바라보며 말이 없었다. 물론 그도 '왜 왔느냐?' 하고 묻지도 않았다. 절을 찾아오는 관광객들이 마치 민속촌에 들르듯 절 아래 마을 남의 살림집에 허락도 없이 들어와 휘둘러 구경하고서 저들끼리 희희낙락 떠들다가 사라지곤 하였기 때문에 일일이 대거리를 하지 않고 지냈다. 민박한다고 간판을 내걸었으니 누구든 손님이라 생각하고 내치지 않았다. 대문간에 선 도회지 냄새가 물씬 풍기는 여자를 발견했지만 싱거운 구경꾼인가 하면서 개의

치 않고 그들은 장작 쪼개는 일에 열중했다.

"아저씨! 방 있어요?"

한참 만에 여인의 말이 떨어지고 나서야 조 선생은 알은 척하며 손님을 맞아들였다.

"좀 오래 지낼 거예요. 조용한 곳인 듯하네요."

"아아! 너무 조용해서 탈이죠. 인간이란 북적거리고 사람끼리 비비적거리며 지내야 살맛이 나는데요? 손님께서 며칠이고 지내보시면 알겠지만 지리산 토끼봉 이 아랫자락이 바람 소리 물소리조차 숨죽여 지내는 곳이지요. 혼자 지내기에 딱 좋을 겁니다. 어느 스님이 그랬지요. 오는 이 없고 가는 이 없어도 혼자 논다는 것은 매 순간 존재의 느낌대로 순간을 사는 것, 아무런 대상 없이 혼자 노는 사람은 밤과 낮이 구분이 없고 생과 사도 두려움이 없도다……."

"……."

여자는 빙긋 웃기만 했다. 8호실로 안내하니 그녀는 방을 한 바퀴 둘러보더니 마음에 들어 했다. 방구석에 놓인 다탁과 다기들을 유심히 바라보았다.

"우리 집에선 내가 가꾸고 딴 녹차를 손님들이 언제든 드시게 두지요."

조 선생은 속으로 '칠불사와 인연 있는 여자로구나' 중얼거렸다.

황지니 여사와 함께 나가던 이계수 사장은 일말의 희망을 가지고 칠불사를 찾았다고 했다. 자동차 부속품을 만드는 조그만 하청공장을 경영하고 있었는데 몸이 안 좋아 병원에 갔더니,

"폐암 말기로 수술도 가망 없고 약도 소용없다고 의사 선생이 사형선고를 내리데요."

하고 힘없는 소리로 한탄을 하면서 산청에 한의사 자격증도 없지만 암을 완치시키는 용한 의원이 있다기에 찾아온 길에 칠불사 아래에서 마지막 생을 의탁하고자 한다는 소리를 했다.

"오래 살면 반 년이요, 아니면 두어 달이랍니다."

그를 따라온 딸이 그랬다. '어머니는 사오 년 전에 역시 암으로 돌아가셨다.' 고 했다. 이 사장에게는 같이 온 딸과 사위 외에 아들 내외가 있어 2, 3일 후에 찾아오기는 했지만 지근至近에서 병구완을 해줄 형편이 아닌 듯 아버지를 민박집 작은 방에 둔 채 돌아가 버렸다. 이계수 사장은 숨을 헐떡거리면서도 아침저녁 산보 삼아 칠불사를 찾아갔다. 역시 절과 연緣이 닿은 사람이었다. 아마 황 여사와 이 사장 둘이 오가는 길에 만나 안면이 익은 듯 얼마 지나지 않아 남자가 방을 나서면 기다렸다는 듯 황 여사가 방문을 비죽 열고 나오곤 했다.

"잔뼈가 굵기를 공장에서였지요. 열심히 일했습니다. 그러다 회사도 그렇고 병도 얻고. 인생살이가 나에게는 어찌나 고된지, 사람들이 휴가니 해외여행이니 떠들며 놀러다녔지만 죽은 우리 안식구하고 난 죽자고 일만 했지요. 백만 원 모으면 또 이백만 원, 천만 원…… 그거 모으는 재미에 덜미가 잡혀 안 먹고 안 입고 안 놀고 열심히 살았지요. 이제 병들고 보니 그게 다 무슨 의미가 있고 보람이 있는가요? 고작 취미였다면 술 좀 먹고 줄담배를 피웠다는 거 있군요."

아들 내외가 다녀간 그 이튿날, 이 사장이 마당 평상에 나와 앉아서 칠불사 전설을 물었다. 그림자처럼 황 여사도 나와 앉았다. 조 선생은 하동 녹차를 한 잔씩 권하면서 얘기를 시작했다.

"이것 방마다 비치해 놓았지만 우리 집에서 생산된 작설차입니다. 나와 집사람이 이른 봄에 저 아래 차밭에 가서 직접 찻잎을 따고 관향다원에 가져가 덖는데 거들고 그렇게 해서 만든 겁니다. 맛이야 파는 것보다야 좀 못 할지 몰라도 향기가 참 좋을 겁니다. 여긴 공기가 참 좋습니다. 이 사장 건강에 도움이 될 겁니다."

"그렇지 않아도 며칠 지내보니까 살 만하네요. 그런데 저 절 이름이 칠불사던데 무슨 전설이 있다지요?"

"일곱 부처님이 계셨던 곳이란 전설이 전해오기에 칠불사란 이름이 유래되었지요. 아, 칠불사 전설은 가야 시조인 김수로 임금과 관련되어 있답니다."

"김수로왕과 관련이 있다니? 그럼 아주 오래된 절이구먼요."

조 선생은 〈구주는 가야왕국〉[1]이란 책을 읽은 적이 있어 그 책 내용을 간혹 민박집에 오는 손님들에게 전설을 전하듯 얘기하곤 했다.

"맞습니다. 가야 불교는 신라보다 상당히 앞서 우리나라에 전래되었다고 합니다. 허황후가 인도에서 왔다지 않습디까? 그때 불교도 들어온 거랍니다. 수로 임금님에게 아들이 열 명 있었답니다. 아시겠지만 허황옥 황후가 어머니죠. 서기 42년에 돌배를 타고 범토梵土 인도의 아유타국에서 진해 용원 앞바다에 도착해 수로왕과 결혼을

---

1) 구주九州는 가야분국伽倻分國(비사벌사회문화연구소 편, 비사벌신문사 , 1992)

했다는 얘기는 다들 아실 것이고……. 열 명의 아들들이 태어나고 장성하려면 20여 년 이상 상당한 시일이 걸렸을 것이니까 가야 건국 5, 60년쯤 후의 일이라 추정할 수 있지요. 두 살 터울로 잡으면 말입니다. 큰아들은 수로왕의 후계자가 되고, 둘째 아들은 허황후의 후계자가 되고 그랬을 터인데 늦게 태어난 아들들 4째에서 10째 아들 7명의 왕자는 가야제국의 임금이 될 수 없었으므로 그들은 가야산으로 입산했다고 해요. 3째 왕자에 대한 기록은 애매한데 일설에 의하면 신라로 가서 계림의 왕족이 된 김알지라 합니다. 계림의 김알지 전설은 다들 아실 테고……. 칠왕자는 가야산 입산 후에 다시 지리산으로 옮겼다고 해요. 칠왕자가 입산할 때 외삼촌이었던 보옥선사寶玉禪師 곧 장유화상長遊和尙이 인도했는데 바로 토끼봉 아래 이곳으로 온 것이지요. 칠왕자는 보옥선사의 도움으로 입산수도를 한 지 3년 만에 '생불生佛이 되어 구름을 타고 어디론가 떠나갔다乘雲離去' 합니다. 다시 말하자면 가야에 불교가 전래된 시기가 고구려 백제 신라보다 훨씬 먼저였다는 얘기도 됩니다. 또 가야 역사가 김부식이가 신라 중심으로 쓴 〈삼국사기〉에서 무시당하고 배척되어 한반도 안의 같은 시기에 그만 삼국만 있었던 것으로 되어 있지만 〈삼국유사〉의 기록대로 가야제국은 낙동강 유역을 배경으로 해서 부산에서 이곳 하동까지 그 영역이 경상남북도를 아우르고 있었을 만큼 대단한 강국, 세력으로 500여 년간 존속했던 나라였다는 것을 칠불사가 말해주고 있지요."

조 선생은 다시 덧붙였다.

"절에 있는 칠불탱화를 보셨는지 모르겠지만, 칠왕자가 하루아침에 구름을 타고 부처가 되어 떠났다니, 죽지도 않고 말입니다. 좀 황당한 전설이라 생각이 들겠지만 이 일은 김해김씨 족보에도 기록되어 있는 역사적인 사건이랍니다. 1990년대 초에 부산일보 최성규란 일본 주재 기자가 '일본 규수 지방은 가야왕국의 분국分國' 이며 '일본 황실의 조상은 가야왕손이다' 란 탐방 기사를 연재했었는데 당시 학계에 큰 관심을 불러일으켰습니다. 나도 그 글을 읽은 적 있습니다. 일본 개국 신화와 관련 있는 얘깁니다. 어떤 일본 학자도 '일본의 개국 신화와 육가야의 시조가 구지봉에 강림한 신화와 꼭 같다.' 라고 했답니다. 최 기자의 주장에 의하면 칠왕자는 사천 바닷가에서 배를 타고 일본 구주九洲로 건너간 거랍니다. 일본 사람들은 이걸 '하늘에서 천황의 시조가 내려왔다' 고 하는데 바로 일본 황조皇祖인 천손天孫(渡來人) 「니니기노미코토」가 칠왕자의 화신이고 강림한 영산靈山이 고천수高千穗(구시후루다케)봉인데 바로 「구시」는 김수로왕의 강림지 구지봉과 똑같이 닮은 지명이란 겁니다."

칠불사 전설을 듣고 있는 두 사람은 전문 용어를 섞어가며 얘기하는 조 선생의 박학에 찬탄을 보내면서도 생불로 구름을 타로 어디론가 떠났다는 칠왕자가 일본 규슈로 건너가 일본왕의 조상이 되었다는 설명에는 쉽게 믿어지지 않는다는 표정이 역력했다. 조 선생은 〈구주는 가야분국〉[2]이란 조그만 책을 꺼내 와서 그들에게 내밀었다.

"이 사장은 심심할 때 이 책을 읽어 보십시오. 제가 한 얘기가 여기

---

2) 구주九州는 가야분국伽倻分國(비사벌사회문화연구소 편, 비사벌신문사 , 1992)에서 인용, 참고함.

다 있습니다. 여하튼 칠왕자는 이 좁은 경상도, 가야 땅에서 그들의 포부를 펼칠 수가 없었으므로 구주를 가야의 분국으로 신개척하려고 건너갔으리라고 최 기자는 이 책에서 주장을 하는데 참 일리가 있지요. /왕자의 화신인 니니기노미코토가 고천수봉 곧 구지봉에 강림하여 한국악韓國岳(가라구니다케)에 올라 고국을 향하여 참배한 다음 입사笠沙에 궁궐을 짓고서 남구주를 통치하였고 그 자손들이 북진하여 세력을 확장해 나갔지요. 그의 증손자(4세손)가 일본열도의 중부인 나라[奈良] 지방 정벌을 시작으로 일본 열도 전역을 정벌, 천하통일을 이룩하는데 이 사람이 곧 일본 제1대 일본왕인 신무천황神武天皇이지요. 또 흥미로운 것은 '신무'란 한자 이름이 일본말로는 왕이나 위대한 신을 말하는 '가무'인데 바로 김金이랍니다. 그러니까 일본 왕의 성씨는 바로 김해 김씨란 얘기지요. 재미있지요?"

조 선생이 더 설명을 하지 않았지만 그는 고대 일본인들은 미개상태였으므로 선진 문물을 가지고 위세당당하게 도항渡航해 간 가야 선조들을 보고 천손이라 했거나 하늘에서 강림한 신으로 받들어 모셨으리란 생각이 들었다. 일본 구주 여러 곳에 가야, 우리말을 어원으로 한 지명들이 도처에 있고, 칠왕자와 그의 후손들의 능묘가 가야식 무덤이기도 하며, 모두 일본 천황가에서 신성神城 성역으로 여기면서 지금도 궁내청이 직접 관리하고 있음도 중요한 근거가 되고 있다는 걸 알고 있었다. 또 녹아도鹿兒島(가고시마) 지방에는 칠왕자와 관련된 것으로 보이는 〈七〉자가 든 신사가 일곱 곳 있어 칠왕자의 강림을 말해주고 있다고 믿는다.

그는 일본 역사의 고서인 고사기古事記와 일본서기日本書紀에 「황

조 니니기노미코토는 일향(日向 : 히유가)의 고천수봉에 천손으로 강림하여 일향의 오전吾田(아타)촌으로 가서 오전촌을 다스리는 신인 오전진희(吾田津姬 : 아타쓰히매)를 만나 결혼하게 되었다.」는 기록도 있다고 말하고 싶었으나 참았다. 민박집 손님에게 전문적인 역사 얘기가 통하지 않으리란 생각이었기에. 오전(아타)은 지금의 녹아도(가고시마) 지방의 총칭이었다. 이곳에는 가야국의 전신인 구야국狗耶國과 같은 이름의 구노국狗奴國의 왕도가 있었던 곳이었으니 일찍이 가야 사람들이 건너가 터전을 잡은 곳이었음을 말해 주고 있다.

"그, 글쎄. 그럴 듯한 얘기입니다만……."

"칠불사의 아자방도 유명하지만 영지影池란 둥근 연못 보셨지요? 바로 김수로왕이 허황후와 함께 출가하여 수도하는 일곱 왕자들을 만나러 김해에서 이곳까지 왔더랍니다. 허황후는 아들들이 보고 싶어 자주 지리산으로 찾아왔다고도 합니다. 부모님이 왔는데도 수도에 정신을 기울이던 아들들이지만 만나기를 어찌 거절했겠어요? 보옥선사가 중간에 가로막은 거지요. 어느 해인가 허황후가 찾아오니까 보옥선사가 허황후를 못에 데려가서,

'봐라! 이 못을…… 너의 자식들이 산부치가 되어 성불했다.' 했더래요,

그래서 허황후가 못을 들여다보니 일곱 명의 아들들이 하늘로 오르는 모습이 물 위에 비치더랍니다. 그래서 그 못을 영지라 부르게 되었다는 얘깁니다. 하늘로 올라가는 물에 비친 아들들의 모습을 보았다는 것은 그들이 많은 가솔을 거느리고 떠나가며 건너간 일본과 한국의 사이를 흐르는 '조선해협'을 뜻한다는 주장도 있고, 또 불교

적인 뜻으로는 영지는 곧 죽은 자의 영혼이 수면에 반사된다는 거울:경지鏡池를 상징하기도 한답니다. 사실 이곳 범왕리凡王里란 지명은 수로왕이 이곳에 오자 칠왕자의 외삼촌 장유화상(보옥선사)이 마중을 나온 것에서 연유되었지요. 범왕은 곧 범도梵土 인도의 사람 보옥선사가 왕과 왕후를 맞이해 머물게 한 곳, '범왕' 이란 유래가 있어요. 예전에는 이곳에 범왕사梵王寺가 있었다는데 지금은 절터만 남아 있어요. 화개장터로 내려가는 곳, 쌍계사를 지나면 정금리 대비동大妃洞이란 곳이 있는데 허황후가 머물렀던 마을이라 전해옵니다. 자주 와 머물면서 그때 대비암을 세웠다고도 전해옵니다."

이 사장과 황지니 여사는 조 선생의 해박한 이곳의 가야와 얽힌 역사 얘기에 탄복을 하는 눈치를 보이면서 그가 주는 책을 받아 들었다.

"이곳 전설이 그냥 전설이 아니라 역사적인 사실을 바탕으로 하고 있군요. 전 그저 칠불사 안내판에 적힌 그대로 칠왕자가 성불한 곳이거니 막연한 생각만 했었지요. 선생님 얘기에 크게 깨달았습니다. 우리나라 역사가, 가야 역사가 뿌리가 깊구나 하고요."

"벽안당 아자방도 참 우리나라 온돌문화를 그대로 보여주는 대표적인 유물이기도 하지요. 한번 불을 때서 방구들을 뜨겁게 달구어 놓으면 그 열기가 49일을 간다고 했으니 말입니다. 선조들의 지혜가 온전히 보존되어 있는 곳입니다."

"황 여사가 그런 얘길 해서 알고 있습니다. 참 보기 드문 기술입니다. 아궁이 봇돌도 그렇지만 구들을 놓으면서 시근담은 어떻게 놓고 불목이나 방고래를 어떻게 만들었기에…… 온도가 떨어지지 않았을까요? 참 믿어지지 않습니다. 벽안당에 가서 방을 구경했습니다만."

황 여사가 끼어들었다.

"전 영지 전설에 가슴 아파요. 김수로왕 내외가 아들을 만나지 못하고 겨우 못에 비친 아들들의 그림자만 보고서 돌아갔다니 말이 돼요? 아무리 성불하려고 도를 닦고 잡스런 일을 멀리 한다고 하지만 부모님이 찾아왔는데……."

그러자 철주 스님이 말했다.

"오매불망 그리던 부모님을 왜 만나지 않으려 했을까? 하고 나도 의문이 갑니다만, 아마 깊은 정진을 하려면 수도 중에는 멀리 하는 것이 많지요. 특히 세속의 인연이야말로 득도에 도움이 되지 않을 수도 있지요. 면벽수도란 거 들어보셨지요? 면벽하고 앉으면 입을 닫고 귀도 닫고 오로지 화두에만 내 정신과 생각을 모으고 집중하거든요."

"아무리 수도 중이더라도 부모님이 천리 먼 길을 오셨는데……. 그럼 스님께서도?"

"그렇습니다. 저야 땡중으로 아직 세속 인연을 딱 끊지 못하고 이리 내려와 세상 잡인과 바둑을 두며 노닐고 있지만 예전 고승들은 있어도 없고 없어도 있는 듯 초연하게 몰아 경지에 들어 세속을 벗어났지요."

그때 산귀신 박태산이 한 마디 툭 던졌다.

"황 여사님이야말로 조선의 유명한 기생 황진이와 이름도 닮은 지니이니 서로 비슷하고 풍기는 기품이나 인상이 고급스럽고 고상해 보여 어쩌면 서로 닮지 않았나? 예전의 황진이가 지금 이 세상에 왔다면 마치 황 여사 같지 않을까? 그런 생각입니다. 내 말이 직설적이고 자존심 상하는 소리라는 생각이 들겠지만 말입니다."

박태산의 흰소리에 황 여사 살짝 미소를 지었다.

"어쩌면! 정말 닮고 싶은 사람이 바로 황진이였어요. 노류장화 기생이면서도 시와 가무에 뛰어났고 기품氣稟 있고 쉽게 꺾이지 않는 절조를 지녔었거든요. 사실 제가 술장사한 거 아시죠? 그러면서도 저는 황진이처럼 살자고 애썼어요. 멋지게 도도하게 그러면서도 나 자신을 위해 즐기면서 살자고요. 하지만 이 나이가 되고 보니 만사가 시들해졌어요. '돈이 많다고 해서 인생이 더 행복해지지는 않는다.' 하더니 이젠 돈도 귀찮고 자존심을 세운다는 것도 부질없고 더더구나 한 남자 붙들고 아옹다옹 산다는 것도 시들하고 말예요."

황 여사의 말에 박태산은 더욱 엇지르는 소리를 내뱉었다.

"복에 겨웠네. 못 먹고 못 입고 아등바등 살지를 않았으니 그런 소리를 하죠! 돈 몇 푼 벌자고 어깨 빼게지도록 짐을 지고 허리가 휘도록 땅을 파고 용광로 앞에서 팥죽 땀을 흘리는 노동자들이 꽉 찬 세상에!"

"허어! 산구신이 오버하네? 세상 사람들이 천층만층 구만 층이란 소릴 못 들었나?"

조 선생이 나서서 손을 저어 박대신의 말을 제지하는데 이 사장이 화제를 다른 데로 돌리려는 듯 자신의 신세타령을 늘어놓았다.

"황 여사님 말도 옳고 박 사장 말도 옳습니다. 그런데 나는 두 분 말씀에 토를 달고 싶은 마음이 통 없습니다. 그건 삶의 의욕을 잃어버렸다는 뜻이기도 하지요."

"허어! 이 사장이 웬 흰소리요? 산청에 사는 명의를 만나 치료를 받으면 분명 차도가 있을 터인데?"

"그게 마지막 몸부림 아니겠습니까? 지푸라기라도 잡는 심정으로요."

"아녜요. 정말 소문난 명의라고 합디다. 말기 암 환자들 여러 명을 완치시켰다던데!"

조 선생이 급히 이 사장의 낙망을 막으려고 했다. 그러나 이 사장은 힘없는 어투로 가쁜 숨을 쉬며 토로했다.

"내 인생에 남은 날이 얼마 되지 않는다는 데 비극이 있죠. 어느 책에서 읽었는데 동물사회에서는 늙은 수컷의 종말은 정말 비장하거나 비참하답니다. 항상 무리를 적으로부터 보호하던 역할을 도맡았던 수컷 사자가 늙어서 사냥할 힘을 잃게 되면 젊은 수컷에게 쫓겨나 외진 곳에 가서 혼자 죽는답니다. 그게 외로운 죽음이지요. 늙은 고양이도 그렇답니다. 대게 수놈들은 죽을 때면 모습을 보이지 않고 어디론가 사라져 죽는다고 합니다. 나도 그러고 싶어요."

"어허! 낙담은 아직 이릅니다."

"사실 건강을 회복한들 예전의 체력은 돌아오지 않을 것이고 결국 자식들에게 거추장스런 존재가 되고 말 걸요."

이 사장의 체념 섞인 말에 아무도 위로의 말을 하지 못했다. 그의 말로가 비참할지 어떨지 모르지만 또 그의 몸에 실은 중병을 산청의 명의가 살려낼지 어떨지도 알 수 없었다. 그때 황지니 여사가 한 마디했다.

"황진이 시조가 생각나요. 임금 집안의 세도가 양반 한 분이 황진이를 만나러 거드름을 피우고 왔다가 퇴짜 맞은 거. 시조 있잖아요? 청산리 벽계수야 수이 감을 자랑마라 / 일도창해하면…… 이 사장님도 벽계수처럼 너무 빨리 가시려고 하지 마시고 일도창해하면 돌아오기 어려우니! 여기 한량들이랑 저랑 여유 있게 한 판 놀아보시는 게 어떠세요?"

"어어! 황 보살님, 누구 또 말에서 떨어지게 만들려고 그러오?"

황지니 여사의 말에 뚱뚱한 몸을 흔들며 철주 스님이 웃음을 터뜨렸다.

"난데없이 말은 뭐고 떨어지는 건 또 뭐요?"

박태산이 스님의 말에 어리둥절해하며 물었다. 민박집 주인인 조남칠 선생이 철주 스님을 대신해 설명했다.

"야담집에 나오는 얘기지. 벽계수란 왕실 출신 사내가 송도 삼절 황진이를 품에 안아 보려고 잔꾀를 부렸지. 달밤에 거문고를 타면서 도도하기로 소문난 기생 황진이라도 그에게는 아예 안중에도 없다는 듯 넌지시 호기를 부리며 말을 타고 지나가다가 황진이가 나타나 '청산리 벽계수야!' 하고 시조 한 수 읊으니까 그 절창, 절색에 놀라 그만 땅에 떨어지고 말아 사람들에게 우스갯감이 되었다는 얘기지. 그런데 이 사장도 혹시 전주 이씨가 아니요? 황 여사 같은 미인이 쉬어가라 하는데 사장님 먼 일가 벽계수 할배처럼 시치미 뚝 떼고 저승 빨리 가려고 해서야……."

"아이구! 농담도!"

이 사장은 힘없는 표정이었지만 잠시 미소를 지었다.

"이거 뭐 앞에 요령 흔드는 건 아닌가 모르겠습니다만 내 팔자가 이러니 죽음도 운명이 아닌가 하는 생각이 듭니다. 조 선생님이나 스님 앞에서 뭐 주름 잡는 얘기지요?"

조 선생이 고개를 가로 저었다.

"내가 칠불사와 연을 맺어 절 아래 살면서 나도 반쯤 중이 되었소. 철주 스님 법문을 많이 들어서인지 서당개 삼년에 풍월 읊는다는 속담처럼. 수로임금 일곱 왕자들이 부처가 되기까지 수도하기에 좀 힘들었겠소? 이 선생이나 황 여사나 잘 알겠지만 부처가 되는 거 어렵지 않다고 생각합니다. 나 말고 남을 사랑하고 배려한다면……."

"칠불사 그늘이 십리가 아니라 천리만리에 뻗었구먼. 나무아미타불……. 이 선생, 소승도한 마디 거들겠소. 혼자 있을 때는 자기 마음의 흐름을 살피면 괴로움에서 벗어날 것이요. 자, 물처럼 우리도 흘러갑시다."

철주 스님의 말에 이 사장이 무언가 깨달았다는 표정이 되었다.

"그러니 물 흘러가는 것처럼 인생도 허무한 거지요? 스님께서 좋은 말씀 들려주셔서 감사합니다."

이 사장은 일주일에 한 번 쯤 산청으로 암을 고친다는 명의에게 치료를 받으러 다녔다. 차편이 여의치 않으면 조 선생이나 박태산이 그를 태워 다니기도 하고 어떨 때는 황 여사가 지원자로 나서기도 했다. 그러는 사이 이 사장과 그녀 사이에 친밀감이랄까? 애정이랄까? 동정심이 아닌 그런 다정한 모습을 주위 사람들에게 보여주었다. 황지니 여사는 칠불사를 열심히 드나들더니 드디어 공양간 조리사로 봉사하러 다녔다.

이 사장은 조 선생 민박집에 머문 지 두서너 달을 넘기지 못하고 병세가 악화되어 서울의 병원으로 떠났다. 이 사장이 떠나자 황지니 여사도 허탈한 표정으로 며칠을 보내더니 그녀도 서울로 떠나갔다. 언젠가 다시 칠불사로 돌아오겠다는 말을 남기고서.

다시 두서너 달이 지난 늦가을, 조 선생에게 전화가 왔다. 황 여사였다.

"이 사장님이 끝내 돌아가셨어요. 칠불사에 혼백을 모시고 간답니다. 유언이래요, 칠불사에 위패를 봉안하라고……. 저도 칠불사로 가려고 서울 살림 정리하고 있어요. 제가 그 절과 연이 있나봐요. 정리되는 대로 갈 테니 전에 묵었던 방 꼭 남겨두세요."

나갑순

1990년 《한국시》 수필 등단
수필집 《호수에 그린 수채화》

신화는 돈과 사람들을 부른다

하늘에 떠있는 구름과 태양, 그리고 산과 들, 흐르는 물, 사람들, 모든 것들은 시간에 따라 이야기를 담고 있다. 지금 우리들이 말하고 쓰는 모든 이야기는 시간이 지나 켜켜이 먼지와 흙이 쌓이고 사람들의 발자국이 스치면 또 신화가 될 것이다. 스토리텔링이 대학에 학과가 생길 만큼 대세다. 지금의 문화를 비롯한 모든 것들은 바람을 타고 흘러온 세계인들을 불러들일 수 있는 초석이 될지도 모른다.

신화를 제대로 알려면 신화 속의 배경이 되는 곳에 가보는 것이 상책이다. 참으로 귀한 것은 내가 사는 이곳이 신화의 고장이라는 데 있다. 김수로왕 탄생설화인 구지가는 국문학사에 가장 오래된 고대가요로 거북과 김수로왕의 신화가 대대로 전해오고 있다. 지금도 개발지 곳곳에서 가야시대 유물들이 출토되고 있으니, 가야 역사 복원을 위해 고고학자들은 노력을 아끼지 않고 있다. 앞으로 전 세계에

관광 김해를 알릴 수 있는 소중한 자료들이 될 것이다

김해시는 최인호의 소설 '제4의 제국' 에 이어 주말연속극 '김수로' 방영으로 김해를 전국에 알려 가야 역사를 복원하려는 커다란 의도를 가졌나. 최근 내가 사는 아파트 옆 농에 MBC 방송의 주말연속극 '김수로' 의 주인공 역할을 맡은 인기 탤런트가 산다는 소문이 돌았다. 방송국과 먼 곳이라 방영 기간 동안 임시 숙소로 지정되어 촬영이 있는 날은 인기 탤런트들이 들락거리니 열성팬들의 관심거리가 되었다. 만장대 분산성에도 촬영을 휘한 세트장이 급하게 만들어 졌다. 가야시대의 가옥과 주거생활의 일부를 산 위 분지에 기존의 마을을 허물고 건립을 하였다. 분산성 주변은 천문대와 봉수대로 인해 평소에도 차도가 좁아 심한 정체를 이루는 곳이다. 마을 입구에서 올라가려면 병목현상이 생겨 주말이면 차가 밀려 통행이 힘들다. 대형 버스는커녕 승용차들도 겨우 드나들 수 있게 되어 있다. 그저 등산 겸 산책길이랄 수밖에 없는 산길이었는데, 대형 세트장이 생겼으니 임시로 내려오는 길을 만들었지만 혼잡하기는 마찬가지다. 오래전부터 김해는 낙동강을 끼고 김해평야가 있는 넓은 곳이다. 이왕 가야 역사 복원과 문화를 위한 사업이었다면 좀 더 미래를 바라보고 김해의 지형적 특성을 살려 넓은 들판에다 세트장을 지었으면 하는 아쉬움이 있다. 낙동강을 끼고 인도 아유타에서 최초로 국제적 왕비가 온 뱃길을 살려 식만이나 조만강가에다 세트장을 지어 관광객을 유치할 수는 없었는지 유감이다.

지난여름 유럽과 아시아를 잇는 보스폴리스 다리를 건너 터키를 여행했다. 인천공항에서 열한 시간을 날아서야 도착한 그곳엔 우리가 미처 알지 못하는 오랜 신화와 전설을 품고 살아가는 사람들이 있었다. 호머의 작품 일리아드와 오딧세이의 배경이 된 트로이는 커다란 감동을 주었다. 호머는 모든 서사시의 어머니이자 서양문학의 반석이다. 〈트로이의 목마〉는 호머의 〈일리아드〉와 〈오딧세이〉를 한 편의 이야기로 엮은 작품이다. 〈일리아드〉는 트로이 전쟁에서 활약한 영웅들의 이야기며, 〈오딧세이〉는 트로이 전쟁을 끝내고 고향인 그리스로 향하는 오디세우스의 이야기이다. 실제로 트로이 영화의 세트를 위해 만든 목마는 에게해의 바람과 45도의 여름 땡볕을 받으며 세계의 사람들을 부르고 있었다. 신화는 스토리텔링으로 사람을 불러들이고 경제적인 부로 후세인들을 풍요롭게 함을 실감했다. 나는 김해의 고대가야를 건국한 김수로왕을 상상하며 호메로스의 일리아드로 유명한 영웅들의 도시 트로이를 여행하는 데 기대가 컸다. 트로이는 서양문학의 근간이 되는 일리아드 오딧세이에 대한 스토리가 실증된 곳이기 때문이다. 목마 안에 숨어 있던 그리스군이 밀려들어오면서 트로이는 초토화되었고, 살아남은 아이아네스는 지중해를 떠돌다가 로마제국의 선조가 된다는 신화는 이번 여행의 첫머리에 화두처럼 있었다. 트로이는 고고학자 슐리만에 의해 발굴되었다. 트로이 전쟁은 세계 최초의 미인경연대회로부터 시작한다. 최고의 미녀가 황금사과를 갖게 되리라는 신탁에서 아프로디테가 선택되고 그에 대한 보상으로 세상에서 가장 아름다운 미녀 헬렌을 파리스에게 주게 된다. 전쟁이 끝나고 그리스 군대가 거대한 목마를 남기고 철수하는 위장 전술을 폈다. 트로이군은 목마를 성 안으로 들여놓고 승리의 기쁨에 취했다. 새벽이 되자 목마 안에 숨어 있던 오디

세우스 등이 성문을 열어 줬고 그리스 군이 일제히 공격해서 트로이 성을 함락시켰다는 얘기다.

신화는 수많은 상상을 낳아 후손들이 누릴 수 있는 문화적인 경쟁력이 되고 돈도 함께 부른다. 이 시대의 문화는 후손의 삶과 연결이 될 것이다. 이야기 속에 등장하는 인물이나 드라마의 주인공이나 세트장은 다음 세대로 연결이 될 것이다. 그리스의 아고라 광장이 요즈음도 연주회를 할 수 있는 곳으로, 수많은 관광객을 불러 모으듯이. 이번 김수로의 이미지는 생소했다. 가야라는 한 제국을 이끈 신화적 인물로만 생각했던 우리의 정서에 탄생부터가 어색했으며 가야 철기를 만드는 데 치우친 나머지 인도 왕비 허황옥에 대한 이야기는 실망스러웠다. 문학을 비롯한 예술작품은 부여하는 의도와 의미에 따라 각기 다른 상상력을 낳을 수 있다. 그런 의미에서 이 시대를 사는 작가들이 해야 할 일들이 무척 많아진다. 삼면이 바다인 우리나라의 아름다운 경관 그 속에 가야는 각색되어 세계 관광객을 부를 수 있을 것이다.

호머의 서사시도 사실은 민요였고, 수세기 동안 노래로 불리다가 마침내 우리가 알고 있는 형태로 되었다고 한다. 터키의 트로이 역시 '트로이 전쟁' 이란 소설을 영화화한 이후 세인의 주목을 더욱 받게 되었다. 앞으로 가야를 배경으로 지금의 드라마나 작품들도 세기를 넘어 시간이 지날수록 세계 관광객들을 부를 수 있는 장기적 안목이 있어야 할 것이다.

배대균

1991년 《한국수필》 등단
수필집 《생각나는 사람들》 외 6권

제석봉에서

천왕샘의 물은 마지막으로 지리산 천왕봉에 이른다. 늘어선 바위들은 4월의 바람에 일렁이고 풀 한 포기 없다. 꽃 피는 4월, 잔설이 엿보인다.

쏜살같이 제석봉에 이른다. 누가 아는가. 저 나무들의 죽음을. 사진 한 장 그리고 아득히 고사목들을 바라보기 위하여 이렇듯 몰려온다. 저 파괴된 우상더미들을 향하여.

당신들, 저 나무들 아래로 가 보았는가. 엘리어트의 '황무지' 바로 그곳이다. "이 움켜잡은 뿌리는 무엇이며/ 자갈더미에서 바위들 사이에서 가지가 어찌 자라는가/ 메마른 바위뿐 물기도 새소리도 없다/ 바위 아래 그늘이 있을 뿐 쉼터도 없다." 그렇다. 고목 주위로 돋아난 몇 줄기 잡풀이 바람에 흔들리고 있을 뿐 영락없는 황무지다.

여기 한 작은 노인이 있다. 마음은 다급하고 몸마저 굽고 굳은 한 노인이 서있다. 영어로는 old man, 성서 "로마서"의 원죄로 타락한 사람 말이다. 그는 세상 대열에서 제외된 것 모르고, 이곳까지 와서 개인적인 아주 하찮은 것을 불평하고 투덜거리면서 하소연하고 있다. 고사목들에게 투사하면서 발버둥치고 있다. 죽어가고 있다고 말한다.

나의 정신은 지난날의 '한'에 반쯤 빼앗기고, 남은 반은 '미래의 공포'에 떨고 있다. 무상하고 비참하고, 집중할 겨를도 능력도 안된다면서 통탄한다. 저 고사목처럼 황망함뿐이라고 하소연한다.

시간은 흐르고… 문득 비둘기 소리가 들려온다. 우울할 때는 남을 비판하고 욕한다. 저 새는 누구편인가. 더럽게도 지저귄다. 오염된 이 몸을 비웃고 있는가. 아니면 희망의 소리인가. 오 하느님, 내 뜻대로 하지 마옵시고, 님 뜻대로 하옵소서.

어느덧 새소리는 사라지고 대지는 고요하다. 기도 덕분인가. 내 마음이 변해야 세상이 바뀐다. 형벌을 받는 것은 저주이지만 그 숨은 의미는 신성하다. "죽고 싶다고 말하는 old man이여, 골짜기의 온갖 뼛조각들과 저 고사목의 숱한 비바람의 날들을 바라보라. 이제 만물을 위한 재생의 길을 걸어가고 있지 않은가." 쯧쯧, 이 몹쓸 사람." 발길을 돌린다. 비둘기 소리가 신음呻吟인 듯 들려오고 있었다.

배소희

1997년 《경남문학》, 2000년 《현대수필》 등단
수필집 《사랑길》

봄빛에 취하다

며칠째 비가 내렸다. 곳곳에 벚꽃의 이른 개화 소식으로 온통 거리가 벚꽃 향연이었는데, 연일 여름비 같은 봄비가 내려 아쉬운 봄이 가고 있었다. 우리가 함안 입곡군립공원을 찾은 그날은 며칠 동안의 비 끝에 햇살이 숨은 흐린 날이었다. 벚꽃들이 비에 다 져버리지 않았을까 걱정이 되었다. 그러나 그것은 기우였다. 군립공원 가는 길 입구부터 벚꽃 가로수가 환하게 우리를 반겨주었다. 이곳은 바깥의 분주한 세상과는 다르게 봄이 더디게 오는 곳이었다. 아름다운 것은 은밀한 곳에 숨겨놓고 찾아오는 이에게만 보여주는 것 같다.

벚나무 가로수길 왼쪽에는 저수지가 시작되었는데 제법 긴 저수지라는 생각이 들었다. 이 저수지는 일제 강점기에 농업용수로 사용하기 위해 협곡을 가로막아 만든 저수지라고 한다. 주차장에서 내리면 저수지 곳곳에 자리 잡고 앉아 낚싯대를 드리운 강태공들의 한가로운 모습을 볼 수 있다. 마치 봄을 낚고 있는 듯 한 모습이다.

산림욕 입구에 들어서자 새소리가 먼저 우리를 반겨주었다. 참새 한 마리가 머지않은 곳에서 먹이를 먹다 우리의 발자국 소리를 듣고 나뭇가지 위로 푸드득 몸을 숨긴다. 잠시 미안했다. 입구에서부터 새와 나무들의 마중에 눈과 귀가 환히 씻긴 듯하고 마음마저 투명하였다. 막 태어난 아기의 손처럼 부드럽고 여린 잎의 옹송그린 모습을 보며 어느새 마음은 동심으로 빠져든다. 온통 연둣빛으로 물든 산, 나무들이 저마다 초록의 다양한 색상들을 머금다가 뿜어낸 듯한 봄빛에 아찔함마저 느낀다. 엊그제 내린 비로 바위틈으로 물이 뚝뚝 떨어지고 흙도 촉촉하게 젖어 있어 새싹마다 싱그럽다. 온통 봄이 숨쉬고 있는 것 같은 오솔길이다.

단풍나무의 오솔길 따라 유모차를 끌고 가는 아기 엄마들의 모습이 다정스럽다. 아기들 얼굴들이 봄 같이 환하다. 건너편 산등성이에는 진달래꽃이 만발하여 도로 위의 벚꽃과 어우러진 물그림자가 한 폭의 수채화 같아 오솔길을 걷는 즐거움을 더하게 한다. 오는 봄의 풍요를 마음껏 느낄 수 있는 곳이다. 숲길의 낮은 곳에서 눈길을 끄는 야생화들이 다가오는 봄과 여름의 풍경을 먼저 알려준다. 석창포, 원추리, 앵초, 벌개미취, 용머리 등 이름만큼 정겨운 들꽃이다.

어린 날 노랑나비를 쫓아가던 날처럼 팔랑거리는 나비들을 따라 길을 걷다보면, 내가 나비가 되기도 하고 내 안 속의 내가 악수를 청하기도 한다. 자연은 말없이 우리에게 많은 것을 가르쳐 준다. 나무가 시이며 야생화가 시이다. 마음 깊은 곳에서 길어 올린 위로의 손길은 숲이 주는 특별한 선물이다. 숲길로 걸어갈수록 무심하고 평온한 마음마저 든다.

작은 위안을 받으며 숲길로 빨려들어가듯이 걸어가다 보면 오솔길이 끝나는 즈음에는 출렁다리가 눈에 들어온다. 저수지를 횡단하는 이 다리는 주탑과 주탑 사이가 가장 긴 다리라고 한다.

자연에는 질서가 있는 것 같다 시간과 공간의 질서가 꽃차례처럼 지켜진다. 저수지의 벚꽃이 지고 나면 꽃봉오리를 맺고 있는 산도화가 활짝 필 것이다. 그리고 각종 야생화와 배롱나무, 백일홍이 다양한 얼굴로 여름 방문객을 맞이하며, 가을의 아름다운 단풍길을 준비할 것이다. 입곡 저수지는 새벽, 비 오는 날, 햇살 맑은 날의 풍광이 제각각 달라서 다른 얼굴과 다른 향기로 수채화를 보여주는 곳이었다. 자연은 가까이 다가갈수록 보는 이들을 겸손하게 한다.

입곡공원에서 10분 정도 차를 달리면 괴산리에 경남유형문화재인 무진정無盡亭이라는 정자가 있다. 봄 햇살이 새순들과 이야기를 나누듯 햇살 받은 연둣빛 새순들의 푸름이 가득한 곳이었다. '무엇도 남기지 않고 다한다.' 라는 뜻처럼 무진정은 이름처럼 소박한 모습이었다. 무진정은 조선시대의 정원 형태를 따라 만들어 놓은 곳이다. 작은 언덕 위에 자리한 무진정 정자는 세 개의 인공섬과 한 개의 정자를 품은 연못을 굽어보고 있었다.

이 정자는 조선시대 문신인 무진 조삼 선생이 후진 양성과 여생을 보내기 위해 직접 건립하였으며, 자신의 호를 따서 무진정無盡亭이라는 이름을 지었다고 한다. 이곳은 일제강점기 때 명당을 훼손하려고 풍수학적으로 이 정자의 맥을 끊으려고 한 것을 문중 어른들이 지켜내어 지금의 모습을 지니고 있다고 한다. 온몸으로 세월을 지켜낸 고목을 보며, 외물外物에 휩쓸리기보다 마음속으로부터 봄기운이 중요하다는 춘설유감春雪有感이라는 한시를 떠올린다.

백남오

2004년 《서정시학》 등단
수필집 《지리산 황금능선의 봄》 외, 2013년 《고등학교 문학》 교과서 공동저자

나는 지리산으로 가야겠다

나는 아무래도 지리산으로 가야겠다. 살아갈수록 외로움만 더해지는 현실을 뒤로하고 지리산으로 가야겠다. 심장의 박동소리는 조금씩 약해지고 다리가 휘청거릴지라도 지리산으로 가야겠다. 그곳에 가면, 미움도 사랑도 묻어둔 채 적요함만 있어도 좋다. 허위허위 달려온 인생길, 숱한 그리움과 젊음의 뒤안길을 서성인 지리산에서, 짙붉은 단풍잎처럼 흩뿌려지고 싶다.

나는 지리산을 떠날 수가 없다. 햇빛 화사한 어느 해 10월, 제석봉의 '제석단'에서 이제 다시는 지리산에 올라서는 안 된다고, 이제는 지리산을 떠날 때가 되었다고, 더 이상의 비경을 들추어서는 안 된다고, 소리치며 맹세했건만, 아무래도 지리산을 떠날 수가 없다. 세석고원 위로 무심히 흘러가는 구름이 그리워서도 아니고, 얼어붙은 '한신폭포'의 견고한 고독의 처연함 때문도 아니다. 나는 아직도 지리

산에 기대어, 지리산을 통하여, 하고 싶은 수많은 얘기들이 몸속에서 꿈틀거리고 있음을 숨길 수가 없다.

나의 젊음은 지리산을 떠나서 말할 수는 없다. 40대, 평생 여고 국어교사로 만족하려던 의지는 조금씩 흔들리기 시작했다. 마음속에 들끓는, 뿌리를 알 수 없는 욕망의 불덩이 때문이다. 하지만 그 뜨거움을 분출할 돌파구는 좀처럼 보이지가 않았다. 삶은 시들하고, 의기소침해지고, 직장생활의 활력마저 잃고, 끝없는 질곡 속으로 떨어졌다. 깊은 허무주의자로 빠져버린 것이다. 20대 때 하지 못한 문학이란 열병을 그때서야, 앓고 있었다는 것이 옳은 판단일지도 모른다.

그 혼란스러운 소용돌이에서, 지리산을 만났다. 20여 년, 결코 짧지 않은 세월 동안, 광활한 지리산정을 온몸으로 헤매고 다니며 무수한 봉우리와 능선, 깊은 역사의 골짜기 속으로 한없이 빠져들게 되었다.

지리산은 큰 산이었다. 구차한 일상을 잊게 해주는 정신과 역사가 있었고, 황홀한 이상세계로의 초대도 해주었다. 영원히 안착해야할 피안의 세계와 가야할 운명의 길까지도 그 속에 있음을 깨달았다. 지리산은 모든 현실적 욕망과 허무주의를 누를 수 있는 힘이었다. 무엇보다도 내 문학의 문이 열리기 시작한 것이다.

그것이 늘, 밤잠을 마다한 이른 새벽에, 지리산을 오를 수 있게 한 힘이었다. 또한, 죽음과도 맞닿아 있는 문학과 산을 향한 욕망이기도 했다. 지리산은 그렇게 은혜롭고 치열하게, 새로운 삶의 지평을 열어주었다.

'선유동' 의 봄은 처음도 없는 애상감으로 밀려와 마음속 끝없이 침잠하며 내 안의 모든 것을 와르르 무너뜨렸다. 그러면서 생강나무의 노란색과 아득하고 아련한 봄날이 청학동과 깊은 관련이 있음을 상상하세 되었다. 한어름 '칠신계곡' 을 오르며 모든 욕망을 진심으로 버려야만 했다. 오직 물아일체, 무욕의 텅 빈 마음으로 한발 한발 앞으로 가야만 하는 행동만이 실존이며, 머릿속에 있는 그 어떤 관념도 빈 껍질임을 배웠다.

'하봉 일대' 의 가을은 최후의 비경이었으며 죽어서도 묻어둘 그리움의 뿌리가 되어 손짓해 주었다. 죽어 영혼이 있다면 그곳을 어찌 기웃거리지 않으며, 배회할 수 없는 이유를 충분히 보여 주었다. 겨울 종주길에서 심한 육체적인 고통을 통해, 정신적 풍요를 얻는다는 옛 선사들의 애기에 깊은 회의를 느끼면서도, 삶 속의 아픔들과 무한한 자유를 향한 간절한 소망을 혹독한 산행을 통하여 학대함으로써 억누르고자하는 사실도 깨달았다.

'천왕봉' 의 일출을 위해 새해 첫새벽, 천리 길을 달려와 영봉을 오르는 장엄한 행렬을 바라보며 그 아름다움에 얼마나 감격했던가. 그 같은 열정이 개인은 물론 역사가 발전할 수 있는 원동력이라는 믿음 때문이다. '반야봉' 의 낙조는 거인의 침몰이 주는 대가로 거대한 용광로가 서서히 가라앉는 황홀한 세계였으며, 그 모습을 보며 나의 삶도 새털구름 하나 정도는 빨갛게 물들이고 싶었다.

'영원령' 가는 길에서 태곳적부터 불던 영원한 바람 소리를 들으며 한겨울이라도 옷을 훌렁훌렁 벗어던지고, 맨몸으로 바람을 맞고 싶었다. 머물 수가 없는 곳, 부처님도 머물지 못하고 떠나야만 하는

'상무주암' 에서는 세상에 머물 수 있는 것은 아무것도 없다는 영감을 얻었다. 부모도, 자식도, 우정도, 영원을 다짐했던 사랑도 모두가 떠나간다는 진리를 알았다. 바람처럼 구름처럼 흘러가는 것이다. 변하는 것이 아니라 머물지 못하는 것이다. 그들의 떠남 앞에 눈물 흘리고, 가슴앓이를 하고, 통곡하고, 원망하는 것은 부질없는 인간의 논리일 뿐이다.

신라 화랑들의 말 달리던 평원, '세석고원' 은 민족혼이 살아 숨 쉬는 역사와 정신의 현장이었다. 하늘이 울어도 지리산은 울지 않는다는 남명 선생의 목소리가 은은히 묻어났고, 선비들의 서릿발 같은 기상이 하늘을 찔렀다. 또한 삶에 지쳐 주저앉아 울고 싶을 때, 모든 것을 맡기고 의지할 수 있는 친구를 그리워했다. 세석 같은 친구를.

이제, 삶의 과정에서 이유 없는 억울함을 당할지라도, 현실을 향해 분노가 치솟아 오를지라도, 가슴이 너무 아파 통곡을 하고 싶을 때도, 그리움에 지쳐서 온몸이 흔들려도 지리산이 주는 위안과 은혜로움으로 스스로를 달랠 수 있을 것이다.

그럼에도, 내 욕망의 끝이 어디쯤인지는 알 수가 없다. 늘 새로운 세계를 향하여 나가기를 갈망하기 때문일까. 나는 세상에 존재하지도 않는 이상향을 꿈꾸고 있는지도 모른다. 유토피아란 아무데도 없는 나라라는 의미가 아닌가. 그것은 하나의 완벽한 사회이면서, 궁극적으로는 실현 불가능한 사회라는 뜻을 동시에 갖고 있음이다.

'토머스 모어' 는 모든 종교를 관용하고, 자연스러운 쾌락을 추구하며, 재물과 영토를 늘리기 위한 전쟁을 혐오하며, 인간의 존엄성과 자유성에 의해 운영되는 세계를 유토피아라 했다. 그것 역시, 존재할 수 없는 허상이 아닌가.

어쩌면 이 모든 것은 지리산에서 내 문학의 유토피아를 찾고자 하는 또 다른 욕망일지도 모를 일이다. 그렇게 영원한 방랑자로 떠도는 몸이리라. 나는 아무래도 지리산으로 가야겠다. 그리운 지리산이 어머니의 목소리로 부르고 있다. 지리산 길 위에서 내 삶의 진정성을 다시 한 번 묻고 싶다.

서현복

1990년 《수필문학》 등단

남강의 변주곡

진주 성지를 돌아보고 있다. 인근 부대로 아들 면회를 온 친구네 가족에게 안내하려고 한다. 박물관 가는 길에 방송국 중계차를 만났다. 리포터는 오늘 성지에 온 연유를 묻는다. 진주의 자랑거리가 무엇인지에 대하여도 질문한다. 이곳 방송국의 '특별기획 프로그램'을 제작하는 중이란다. 진주가 고향은 아니지만 아이 셋의 탯줄을 묻고 반생 넘어 살아왔기에 나름대로 이모저모를 자랑거리로 이야기할 수 있다. 논개에 얽힌 의암과 촉석루며 진주성과 김시민 장군에 관하여. 임진왜란의 유물이 전시된 박물관에 대한 소개와, 특히 진주성에서 내려다보는 남강의 아름다운 정경은 어느 도시와도 뒤지지 않을 명소로 자신 있게 자랑한다. 인터뷰를 마치자 "진주 사람 다 된 것 같구나." 하며 친구가 웃는다.

전통찻집에 앉아 남강을 굽어본다. 하오의 햇살이 잔잔한 수면 위에 안온함을 더해준다. 조금 전에 성벽 너머로 넘어다보던 푸른 강물의 깊고 그윽한 모습과는 다른 느낌으로 다가오는 강물. 은근하게 우러난 차 맛을 음미하며 해마다 열리고 있는 강변의 축제에 대하여 들려준다. 사월초파일 연등절의 재현을 연상케 하는 유등놀이를 시작으로 펼쳐지는 '개천예술제' 이야기. 수면에 닿을 듯 말 듯 출렁이는 가교로 남강을 건너보는 색다른 경험들. 인파에 떠밀려 다니다가 강가 난전에 오순도순 둘러앉아 웃음꽃 피우며 한 폭 풍속도를 연출하는 곳이 바로 남강이다.

예술제의 효시라는 '개천예술제'는 개천절 날 남강에서 발원하여 다시 이 강에 깃을 접는다. 열흘 동안 흥청거리던 난전들이 뜸해진 발길에 한둘씩 떠나가고 시끌벅적하던 소음들을 남강이 잠재운 듯 평온을 되찾는다. 전야제와 함께 점등한 유등마저 소등되고 나면 내 가족 이름 새긴 소망등도 심지를 내린다.

다시 이어진 물새들의 무자맥질에 귀를 기울인다. 남강이야말로 진주 사람들에게 모태이며 어머니의 젖줄이다.

손정란

2001년 경남신문 신춘문예 수필 당선
수필집《유리 조각 액자》《정목일 수필문학연구》(공역)

꽃밥

희고 깨끗한 모래톱과 강가에 우거진 계수나무와 대나무. 망진산과 비봉산, 선학산과 달음산 네 산에 둘러싸여 거센 바람을 막고 강물이 깊게 흐르는 곳. 먼 옛날 촉석矗石이라는 가파른 이름으로 불렸던 진주성은 향시를 치르는 시험장으로 쓰이던 남장대가 가까이 다가올 싸움을 준비하고 지휘하는 망대가 되기도 하였다.

진주는 남강이 말발굽 모양으로 휘감아 돌아 땅의 모양새가 흐르는 배처럼 생겼다. 임진왜란이 일어났을 때 진주성 싸움에 남자 옷을 입은 여자(낭자군)들도 거들었다. 펄펄 끓는 물을 쏟아붓기도 하고 돌멩이를 주워 모았다. 밥을 짓고 반찬을 만들어 군사들을 바라지하고 다친 사람들을 보살폈다.

고슬고슬하게 지은 밥 위에 손가락 사이로 풀물이 배어 나오도록 조물조물 무친 일곱 가지 나물을 꽃처럼 돌려 담았다. 참바지락과 마른 홍합을 다져 넣고 참기름으로 볶다가 우리 간장으로 간을 맞추어 자작하게 끓인 보탕국은 군사들의 허기진 기운을 돋웠다. 꽃밥을 군사들에게 바라지한 그미들의 터울거린 고단함이 단단한 응어리가 되어 흔들리지 않는 동그란 중심을 만들었다.

꽃밥을 담는 그릇은 놋그릇이 안성맞춤이다. 입이 넓고 볼이 움푹한 놋그릇은 제 안에 담긴 음식을 맞갖게 품어낸다. 동그란 중심은 무엇이든 다 받아들일 수 있을 만큼 부드럽다. 단단함 속에 감춰진 부드러움은 모든 것을 아우르는 힘이다. 일곱 빛깔 나물은 세상의 모든 것을 서로 통하게 하고 은은하고 온유한 맛은 온몸을 눈 뜨게 한다.

그늘도 지고 볕이 잘 드는 곳의 고사리 줌줌이 꺾어다가 동솥에 데쳐내고 도란도란 흐르는 물에 씻어내어 참기름 간장으로 살살 무쳤다던가. 잘 드는 칼로 삼박삼박 부추를 베어다가 싹 데쳐서 온갖 양념 넣고 무쳤는가. 왈랑왈랑 끓는 물에 데쳐내어 골짜기 물에 흔들어서 맡아보고 돌아보고 도라지나물을 무쳤네. 요리조리 질금나물 다듬어 살랑살랑 끓는 물에 데쳐내어 기름간장 치고 깨소금 뿌려 무쳤을까. 착착 썬 무채는 숨죽을 만큼 덖다가 어리실꿈 볶았을라나. 저마다 가슴 안에 샛노란 해를 하나씩 키우고 있는 콩나물은 까바지도록 볶고 시금치는 비단 잎만 골라 나긋나긋하게 무쳤을까나.

육회는 소고기 우둔살을 얇게 저며 물에 담가 핏기를 빼고 곱게 채를 썰어 참기름을 치고 파와 마늘을 다져 넣고 후춧가루, 배즙, 잣가루, 깨소금으로 무쳐야 한다던가. 뉘 집 토종닭이 낳은 달걀 노른자도 얹었다.

놋그릇에 일곱 가지 나물을 돌려 얹은 꽃밥을 약간 이기듯이 눌러 가며 쓱쓱 비볐다. 마음속에 비좁게 차지했던 조각난 삶을 말끔히 비벼내고 하루치 남은 자투리 행복을 더한다. 드세고 괴로운 세월을 견디며 착착 숨죽인 맛을 본다. 시간이 만들어 낸 깊은 맛이다. 알맞도록 나긋함을 드러낸 참맛에 혀가 깨금발을 뛴다. 수많은 모퉁이를 돌아 모든 뒤척임을 잠재운 뒤에 얽매임에서 풀린다.

신일수

1985년《한국수필》등단
수필집《내 작은 뜰에는》《또 하나의 둥지》외

내 고향 진주

천년고도라 불리는 내 고향 진주는 예로부터 북평양 남진주라 할 정도로, 평양과 못지않게 맛과 멋 그리고 풍류의 고장으로 불리어 왔다. 대부분의 사람들은 진주라 하면 1940년대, 이규남이라는 가수가 불렀던 '진주라 천리 길' 이라는 노래를 떠올리곤 한다. '진주라 천리 길을 내 어이 왔던고, 촉석루의 달빛만 나무 기둥을 얼싸 안고…….' 대충 이런 내용의 가사로 되어 있다.

이 노래는 일제 말기에 나온 유행가 가운데 손꼽히는 걸작으로, 당시 지식층에 있는 사람들도 즐겨 불렀을 정도로 깔끔하고 세련된 곡이지만, 이 노래가 월북 작가의 작품이라 하여 오랫동안 금지곡으로 묶어 있었다. 그러다가 1992년 50여 년이란 세월이 흐른 후에 비로소 완전 해금이 되었다. 그런데 월북 작가의 작품이라는 이유로 금지된 유행가가 한두 곡이 아니지만, '진주라 천리 길' 은 금지곡 중의 금지곡으로 특별한 의미를 지니고 있다. 작사자, 작곡자는 물론 노래를 부른 가수까지 모두 월북해 버린 흔치 경우이었기 때문에, 다른 유행가보다 우여곡절이 많았던 것이다.

90여 년에 가까운 오랜 세월 동안 애환을 실어 나르던 열차와 그 역사驛舍도, 이제 역사의 뒤안길로 사라지고 한식구조의 기와로 새롭게 단장하고, 다른 곳(開陽)으로 역사를 옮기고 말았다. 옛날에 선비들이 과거 보기 위해 진주에서 서울까지 갈려면 반드시 문경새재(鳥嶺고개)를 넘어야만 했는데, 거의 달포나 걸려 한양漢陽에 당도할 수 있었다고 한다. 금세기에 들어와 철도가 개통되면서 열차를 이용해야 했는데, 진주에서 열차를 타면 반드시 삼랑진에서 다시 갈아타고, 열대여섯 시간을 달려야만 겨우 서울에 도착할 수 있었다. 지금은 진주와 마산 구간의 선로가 복선화되면서, KTX를 타면 서울까지 3시간, 버스를 타면 3시간 30~40분도 걸리지 않는 데다, 비행기를 이용하면 불과 40여 분 만에 서울로 갈 수 있으니 돌이켜 생각해 보면 격세지감을 금할 수 없다.

진주라 하면 먼저 떠오르는 것이 우선, 촉석루와 남강 그리고 논개의 넋이 잠들어 있는 의기사와 의암이라는 바위다. 1592년 임진왜란 당시 김시민 진주목사는 군사 3천8백여 명으로 왜군 2만여 명의 공격을 받아 6일간 싸워 왜적을 물리쳤으니, 행주대첩, 한산대첩과 더불어 임진왜란 3대 대첩 중의 하나로 진주성대첩이 높이 평가받고 있는 것이다. 진주성 공략에 패한 왜군은 지난해의 패전을 설욕하고자 이듬해인 계사년, 1593년 5월 20일 도요토미 히데요시(豊臣秀吉)가 진주성 공략을 다시 시도하였는데, 이때 도요토미 히데요시는

"진주성을 총 공략을 하되 조선군과 민간인은 물론, 개, 돼지 닭까지 모조리 닥치는 대로 도륙을 하라!"는 작전명령을 내리기까지 했으니, 쌍방 간에 얼마나 맹렬한 전투였는지는 짐작하고도 남음이 있다.

9일간 낮과 밤을 가리지 않고 치열한 공방전 끝에 드디어 1593년 6월 29일 진주성이 함락되었으며, 이 싸움에서 성안에 있던 7만여 민 · 관 · 군이 장렬한 최후를 마쳤던 것이다. 이때 논개는 의암에서 왜장을 껴안고 남강에 뛰어들어 순절함으로써, 민족의 꽃으로 산화하여 만고에 빛날 충절을 남겼다.

당시 3천 8백여 명에 불과했던 진주성을 지키던 조선군은, 전쟁으로 단련된 3만여 명의 왜병을 물리친 진주성 싸움이야말로 목숨을 건 사투였다. 연일 계속되는 싸움에 병사들은 지쳐 있었고, 성안에 있던 남정네들은 물론 연약한 아녀자들까지 잠시도 쉴 틈이 없이 정성을 다해 병졸들의 뒷바라지에 여념이 없었다.

밤낮을 가리지 않는 격렬한 싸움터에서 무엇보다 시급한 것은 물과 식량의 공급이었다. 병사들을 위해 성 안에 갇혀 있던 부녀자들이 밥을 지어 나르기에 급급했다. 숨 가쁜 전쟁의 와중에서 밥과 반찬을 따로 챙겨주는 일은 거의 불가능했다. 일촉즉발 전쟁터에서 빠른 시간 안에 가장 편하고 간단하게 먹을 수 있는 음식이 필요했다. 밥 위에 각종 나물을 얹고 비벼서 먹는 것이 가장 효율적이라는 사실을 전쟁터에서 터득하게 되었던 것이다. 하지만 힘을 내어 싸움에 임해야 하는 병사들에게 그것만으로 허기진 배를 달래기에는 부족함을 느껴 나물과 밥 그 위에 탕국과 소고기 육회를 듬뿍 얹어 함께 비벼 준

밥, 그것이 진주비빔밥의 시초가 되었던 것이다. 그래서 진주를 찾아오는 외래 사람들은 으레 진주비빔밥을 찾는다.

또 하나 진주의 대표적인 음식을 들라면 진주 냉면이다. 북한에서 출간된 〈조선의 민속전통(1994)〉이란 책에 이런 글이 실려 있다. '랭면 가운데서 제일로 일러주는 것이 평양랭면과 진주랭면이었다.' 는 내용이다. 이처럼 진주냉면은 냉면의 본고장 북한에서도 인정하는 것으로, 진주 지방에서는 옛날 양반의 특식이자 기방의 야식으로 유명했다고 전해져 내려오고 있다.

촉석루와 유유히 흐르는 남강, 진주성과 의암 바위, 그리고 진주비빔밥과 진주냉면만은 내 고향 진주에 들르면 꼭 한번쯤은 권하고 싶은 마음 간절할 따름이다.

신태순

2002년 《한국문인》 등단
수필집 《겨울나비》

섬진강 물길 따라

6월에 떠나는 여행은 싱그러운 녹음에 온통 초록물이 뚝뚝 떨어질 것 같은 출렁거림이 있다. 산등성이마다 하얀 밤꽃이 흐드러져서 차창을 열면 비릿한 꽃내음이 왈칵 밀려들 것 같은 육감적 냄새도 실려 있다.

하동 십리 벚나무 길 따라 섬진강 푸른 물결이 반짝이는 한갓 평화롭고 아늑한 풍경 속으로 떠난다면 그 햇살 탱탱한 눈부신 날을 오래 기억해도 좋겠다. 하얀 매화 피고 벚꽃 꽃잎 바람에 휘날리는 봄만이 절경이 아니다. 햇살 등지고 재첩 잡는 아낙네의 굽은 허리도 정다워 보이는 강가 풍경도 한 폭의 그림이 된다. 청매실 새큼한 향기 바람에 실려 오고 하동포구를 휘돌아가는 물길 따라 하루쯤 그 풍경 속에 푹 빠져보는 행복한 하루다.

하동 송림은 백사청송으로 유명하다. 조선 영조 때 강바람과 모래

바람의 피해를 막기 위하여 소나무를 심기 시작한 것이 오늘날의 송림이라 한다. 백사장이 보이는 솔밭에 들자 온통 솔향기 가득하다. 노송의 나무는 사철 푸른 기상으로 강바람을 맞고 섰다. 우리의 옛 선인들은 소나무를 무척 아끼고 사랑한 모양이다. 오죽하면 임금이 소나무에게도 큰 벼슬을 내렸을까. 오랜 세월 꿋꿋이 버티고 서있는 푸른 소나무만은 한국인의 기개를 보는 것 같다.

솔가지 사이로 햇살이 비껴드는 솔밭에서 문우들의 시낭송도 멋지게 펼쳐졌다. 낭랑한 목소리가 강바람에 실려 가는 시의 한 구절이 가슴에 와 닿는다.

하동군 악양면 평사리에는 문학관과 소설 속 무대인 최참판댁과 주변의 초가집들이 펼쳐져 있다. 한국 문학사에 한 획을 그은 소설 《토지》의 작가 박경리는 통영이 고향이지만 말년을 강원도 원주에서 보냈다. 어느 해인가 원주 토지문학관에서 박경리 선생님을 모시고 강연을 들었던 기억이 새롭다. 그때 그녀는 문학 이야기보다 자연과 생태 환경의 소중함을 일깨워 주었다. 자연을 아끼고 사랑하여 이 아름다운 강산을 잘 보존해야 한다고 했다. 결국 그 자연 속으로 돌아간 작가는 지금 없지만 소설은 오래도록 그 빛을 발할 것이다.

이제 막 모내기를 끝낸 논에는 어린모들이 물이 가득 잡힌 논에서 초록으로 빛나고 있다. 들녘 언덕배기에 지어진 최참판댁 고래 등 같은 기와집 주변을 걷다보면 마치 소설 속으로 들어온 듯하다. 지난날 《토지》를 감명 깊게 읽었기에 그 방대한 소설은 아픈 역사와 더불어 우리 민족의 삶의 기록이다. 서희의 서슬 푸르고 당찬 모습에서 강한 한국의 딸을 연상한다. 지난날 우리의 어머니, 할머니가 겪었던 질곡의 삶이 아니던가.

있을 건 다 있고 없을 건 없다는 화개장터, 경상도와 전라도를 섬진강 강나루로 작은 목선을 타고 장사하러 다녔을 하동의 뿌리 깊은 장터다. 지리산 화전민들은 더딕, 도라지, 두릅, 고사리들을 가지고 오고, 전라도 장수들은 실, 바늘, 면경, 가위 등을 가지고 오고, 하동 길에서는 해물 장수들이 김, 미역, 청각, 명태, 자반조기, 자반고등어 등을 가져와서 장은 꽤 은성하였다고 한다. 주막마다 시원한 막걸리와 펄펄 살아 뛰는 물고기 회와 멋들어진 진양조 육자배기가 주막 앞 늘어선 능수버들 가지 사이로 흘러나왔다고 하니 당시에는 이 지역의 제법 큰 장이었다.

이렇듯 흥청거렸던 화개장터는 점점 줄어 주막도 없고 능수버들 가지 사이로 흘러나오는 진양조 육자배기도 없다. 장터 옆에는 섬진강에서 나는 은어와 참게 등을 요리해 파는 음식점들만 즐비하다. 그래도 장터 안 가게마다 하동의 농산물이 가득 나와 있다. 청 매실 자루가 쌓여 있고 방금 땄을 노란 살구와 붉게 익은 자두가 지나는 이의 군침을 돌게 한다.

아름다운 풍광을 자랑하는 하동의 멋진 여행이다. 지리산과 백운산의 녹음 속에 섬진강 물결은 유유히 바다로 가고 있다. 푸른 물줄기 따라 내려오는 차창 밖으로 모래톱 백사장이 눈부시다.

안순자

2000년 《한국문인》 등단
수필집 《양재천 풍경》

성호초등학교

마산 'ㄱ' 출판사에서 동인지에 실을 작품 교정을 보고 집으로 가려던 차 모교 이름이 적혀 있는 표지판을 발견했다. 멀지 않은 곳에 바로 교문이 보여 핸들을 돌려 학교로 차를 몰았다.

"저 이 학교 57회 졸업생입니다." 학교 안에 차를 세우면 안 된다며 노기 띤 얼굴로 다가서는 경비원에게 다짜고짜 내가 내뱉은 말이다. 그 말을 하는데 갑자기 목소리가 떨리면서 울컥한다. 무심하게도 졸업 후 처음이다. 지금껏 모교가 그 자리 그대로 있다는 것이 황감하다.

거의 50년 만인가, 반세기가 훌쩍 흘렀다. 어느새 초로가 된 나는 학교 운동장에 망연히 서서 예전의 학교 모습을 기억 속에서 더듬는다. 저학년 때 공부했던 교실 건물은 사라졌고 그 자리에서 옛날 내 또래 고만고만한 몇몇 아이들이 나풀나풀 놀고 있다. 고무줄 놀이하던 어린 내 모습이 신기루처럼 반짝 떠올랐다가 사라진다.

운동장 한쪽에는 전 동창회원의 뜻을 담아 2001년에 세운 개교 100주년 기념비가 있었다. 학교의 100년 약사略史를 한눈에 볼 수 있었다. 학교 안전사고 예방을 위해 본관 문은 잠겨 있고 방문객은 초인종을 누르라고 써 있다. 현관 유리창을 통해 복도 게시판에 걸려 있는 교가를 발견하고 반가움에 입속으로 불러본다. 리듬이 살아서 나온다. 교가를 흥얼거리고 있는데 안에서 교사인 듯 남자분이 나오길래 그 틈을 타 슬쩍 본관 안으로 들어섰다. 5, 6학년 때 공부했던 교실이 보고 싶어 2층으로 올라갔다. 그곳엔 과학실과 '성호 글마루' 라고 적혀 있는 도서실이 있을 뿐 따로 수업을 하는 교실은 볼 수 없었다. 왔다갔다 하며 엎드려서 닦을 땐 길게만 생각되던 그 반들반들하던 골마루가 이렇게 짧았던가 싶다.

본관 옆 강당은 여전히 그 자리에 새로 단장한 모습으로 있었다. 강당에서 졸업식을 마치고 같은 학교 교사로 근무하던 친척과 어머니와 같이 사진을 찍으며 내 초등학생 시절의 종지부도 함께 찍었다. 내 생애 행복한 시절이었다.

지나가는 젊은 여선생에게 "강당은 옛날 그 자리에 있네요." 하며 반색하니 그 옛날에 태어나지도 않았을 앳된 선생은 "그런가요, 전 잘 몰라서…, 혹시 뒤쪽에 안 가봤으면 뒤쪽도 건물이 있으니 보고 가세요." 하며 친절히 안내한다.

교화인 장미꽃이 드문드문 피어 있는 담을 따라 뒤편으로 돌아가니 단층으로 된 급식 식당이 있었다. 호랑이 마당이 보이는 등나무 밑 의자에 잠시 숨을 고르며 앉는다. 학교 주변 언덕에는 달동네처럼 집들이 들쭉날쭉 위태롭게 서 있다. 신산스러운 풍경이다. 부산에서 이사를 와 짐을 푼 곳이 회원동인데도 회원초등교에 가지 않고 제법 먼 이 학교를 택한 것은 학군이 좋았기 때문이었다. 당시에는 형편이 좋은 사람들이 꽤 많이 살던 동네라고 들었다. 우리나라 7대 도시 안에 들었고 인구 16만이었던 마산이 그동안 침체되어 있었다는 것을 학교 주변을 보면서 더 확연하게 알 수 있었다. 나도 모르게 한숨이 나왔다. 내 살기 바빠 피붙이가 어떻게 살고 있는지 까맣게 잊고 있었던 것처럼 통증이 밀려온다.

고향인 마산을 떠나 타지에 살고 있는 사람들은 마산이 창원으로 흡수된 것을 반기지 않는다. 그들은 왜 내 고향을 지키지 못했느냐고 안타까워한다. 그러나 마산을 떠나지 않고 살던 사람은 마산이 발전할 수 있다면 기꺼이 내 고향 이름이 바뀌는 것도 감수한다. 그것이 살면서 불편이나 불이익을 겪는 사람과 먼 곳에서 고향을 그리워하는 사람의 차이점이다. 고향을 떠나지 않고 고향의 변천을 뼈아프게 바라보고 산 사람에게 고향의 이름을 지키지 않았다고 누가 그들을 나무랄 수 있겠는가.

운동장을 가로질러 차가 있는 곳으로 걷다가 운동장 가장자리에 놓여 있는 의자에 모든 걸 내려놓듯 털썩 앉아본다. 푸근하고 편안하다. 내 삶의 역사, 체취가 이 교정 어느 구석엔가 스며 있어 이리 안정된 마음이 되는가. 어쩌면 내 자매, 형제들이 같이 공부했고, 아버지와 언니가 교사생활을 거쳐간 곳이기에 더 애틋하지 않았을까. 불현듯 모교가 없는 사람의 가슴은 얼마나 쓸쓸할까 싶다.

근처에 사는 주민인 듯 아주머니 한 분이 내 곁에 앉는다. 학교와

동네에 관한 이런저런 이야기를 같이 나누다 그만 듣지 말아야 할 말을 듣고 말았다. 전교 학급 수가 12학급뿐, 학생 수가 적어 특히 1, 2학년은 한 반에 6~8명뿐이니 어쩌면 이 학교도 조만간 없어지니 마니 하는 말들을 한다고 했다. 내 귀를 의심하며 되묻는 내게 그 말을 되풀이했다.

"전통이 있는 학교인데 설마 그렇게 될라구요." 방금 들었던 아주머니의 말을 떨쳐버리기도 하듯 벌떡 일어서는데 가슴이 벌렁거렸다. 차를 몰고 집으로 돌아오며 '아니야, 아닐거야' 마음속으로 도리질하며 그 말을 부정하고 있었다.

양미경

《수필과 비평》 등단
수필집 《외딴 곳 그 작은 집》《생각을 겨냥한 총》 외

눈 내리는 날 추사를 만나다

눈이 내린다. 싸락눈이 흩날리더니 이내 눈발이 굵어진다.

지인에게서 전화가 왔다. 인근 지역에 설국이 펼쳐졌다는 소식이다. 생각해볼 겨를도 없이 차에 시동을 걸고 그쪽으로 향한다. 사람의 단순함이라니!

고성IC로 들어서자마자 싸락눈은 함박눈으로 변하고, 차들이 주춤주춤한다. 산과 들엔 제법 눈이 쌓이고 나뭇가지에 얹힌 눈도 두께를 더한다. 나는, 캔버스 위에 그려지는 설경을 맘껏 감상하면서 라디오에서 흘러나오는 음악을 따라 흥얼거린다.

차들이 서행하기 시작하자 이때다 싶어 창문을 내리고 휴대폰으로 풍광을 찍는다. 즐거워하는 내 모습도 담는다. 그게 세상과 고립되는 전조라는 걸 그때는 왜 미처 몰랐을까.

통영은 일 년에 눈 한 번 구경하기 어려운 지역이다. 타 지역보다

훨씬 따뜻해서 눈으로 문제가 일어나는 상황은 보기 어렵고, 눈이 오면 즐겁기만 하지 불편을 줄 거라는 생각은 전혀 하지 않는다.

차들은 점차 속도가 느려지더니, 가다 서다를 반복하다가 어느 순간 고속도로 위에 멈춰서고 만다. 점차 굵어지던 눈발이 폭설로 변해버린 것이다. 기상청 예보를 믿은 게 잘못이었다. 이십여 분이면 IC를 통과하고도 남을 시간인데…. 달려온 제설차마저도 작동을 멈추고 멍하니 서 있다.

'어느새 한 시간이 지나가 버렸네.'

등 뒤에서 차 한 대가 비상등을 반짝거리며 계속 경적을 울린다. 추월차선에 차를 세우고 서 있는 내 차에게 비켜달라는 신호인가 보다. 내 죽을 짓을 어찌하겠는가. 나는 꼼짝도 하지 않는다. 그 운전자는 결국 주행선을 바꾸더니 삿대질을 해대다가 눈길에 미끄러진다. 휴우….

시간이 흐를수록 초조해지면서 불안해진다. 이제 눈이 문제가 아니다. 배둔으로 나가는 오른쪽 IC는 전혀 움직이지 않고 있다. 경사진 길인데다가 길이 얼어 이동을 못하는 것이다. 왼쪽 길은 차들이 그나마 조금씩 움직인다. 나는 고속도로를 포기하고 국도로 나가기 위해 내비게이션을 조작하는데 어럽쇼, 길 안내자마저 불통이다. 한 번도 가본 적 없는 왼쪽 차선을 택하는 쪽으로 모험을 하기로 한다. 멈춰 서 있는 것보다 나을 것 같아서다.

겨우 살얼음판을 뚫고 국도로 나왔지만 어디가 어딘지 알 수가 없다. 세상은 온통 눈이다. 하얀 천지간에 내 차 한 대만 덩그마니 서 있을 뿐이다.

그때 왜 추사 김정희의 〈세한도歲寒圖〉가 떠올랐을까? 세상과 권력에서 추방된 유배지의 고립감 속에서 그린 그림. 눈이 왔는지 안 왔는지는 모르지만 하얗게 얼어붙은 세상에 잣나무 두 그루와 노송 두 그루, 그리고 허름한 집 한 채. 그림 속 세상은 외로움으로 차 있다.

나와 그의 상황을 비교할 바는 아니다. 세상이 버린 선비를 잊지 않고 책을 보내고 소식을 전하는 제자에게 그려준 것이라 한다. 화제畵題는 《논어論語》에 나오는 세한연후 지송백지후조歲寒然後 知松柏之後凋(날씨가 차가워진 다음에야 소나무, 잣나무가 늦게 시듦을 안다.)라는 구절을 달아 선비의 고고한 기품을 나타냈다 하니 나의 처지와는 아무런 상관이 없는 것이다.

오래전 그 그림을 볼 때는 그냥 지나쳤지만 상황이 한 치 앞도 안 보이는 적막강산에 고립되고 보니 추사의 외로움을 이해할 것 같다. 9년 동안의 유배와 일시적인 고립은 시간 차이만 빼면 동전의 앞뒤에 불과한 것임을. 마음이 편안해진다.

추사에 비하면 나는 아주 잠시 유배되었을 뿐이다. 얼마 전의 두려움은 실체가 없는 두려움에 불과했다. 피곤한 일상에서 홀로 생각하는 시간을 갖게 된 나는 지금 여유롭고 호사스러운 유배를 즐기고 있다.

한두 시간 후면 다시 북적대는 사람 세상으로 돌아갈 것이다. 피곤한 세상살이를 이어가야 한다. 이 자리는 잠깐이지만 요긴한 휴식이다. 외로움을 다독일 수 있고, 아무도 나를 방해할 수 없는….

잊힌 도시의 귀퉁이에서 고립된 채로 나는 아예 시트를 뒤로 젖히고 누워버린다. 쌓인 눈이 차창마저 하얗게 덮고 있다. 인생은 하늘이 내린 이승으로의 유배일까. 차창 너머로 송백을 보았던가. 그 사이로 노인 한 분이 어깨의 눈을 털며 터벅터벅 걸어가고 있다. 내 눈길도 그 뒤를 하염없이 따라가고 있다.

양민주

2006년 《시와 수필》 등단
수필집 《아버지의 구두》

낙동강

고향이 내(川)터인 할아버지는 낙동강으로 말미암아 부자로 사셨다. 자연의 이치를 거스르지 않는 농사를 지었기 때문이다. 내터에는 해마다 물이 들어 그 누구도 씨를 파종하지 않았다고 한다. 이렇게 노는 땅에 몇 해 동안 내리 피(稷)를 파종하였다. 그러던 어느 한 해에 일기가 좋아 큰 수확을 올려 부자가 되었다고 했다.

내터의 밭에는 내 키보다 더 크고 늘씬한 수수와 검푸른 잎의 콩 그리고 보리가 자라고 있었다. 그 밭은 이랑이 길고 넓어 여러 가지 농작물을 재배할 수 있었다. 온 가족이 거기에 매달려 농사를 지었다. 내가 할 수 있는 일이라고는 김을 매고 난 뒤에 나오는 풀을 밭의 가장자리로 내다 버리는 것과 허옇게 변색한 양은 주전자로 막걸리와 물을 받아다 주는 심부름 정도였지만 나는 이 일들을 하면서 보람을 느끼고 가족의 구성원임을 인식했다.

양은 주전자에 떠 온 강물은 은색 흙빛의 작은 모래 알갱이가 가라앉길 기다려 땀 흘려 일한 뒤의 갈증을 해소하기 위해 마시기도 하고, 보리를 베는 낫을 숫돌에 갈 때 붓기도 하였다. 길고 긴 한여름의 뙤약볕과 느리게 흐르는 강물처럼 시간의 지루함이 있어도 싫지 않은 이유는 파란 하늘이 있고, 태양이 있고, 뭉게구름이 있고, 바람이 있었던 까닭이 아닐까 한다.

강가에 가면 수양버들이 늘어져 이른 아침엔 이와 어울려 물안개가 피어오르는 한 폭의 그림 같은 풍경도 종종 봤다. 모래밭에는 물새들의 발자국과 더불어 손톱으로 찍어놓은 듯 옴폭 옴폭 패인 자국에서 조그만 거품이 오르는 곳을 손가락으로 파보면 작고 예쁘게 생긴 노르스름한 조개가 나왔다. 어머니께서는 그것을 '갱조래' 라고 하시면서 낮에 물을 담았던 양은 주전자에 담아 와 국을 끓여주셨는데, 지금은 잊지 못할 그리운 맛이 되었다.

뻐꾸기 울음소리 우렁찰 때 낙동강에는 홍수가 나곤 하였으며 이때에는 수박, 참외, 사과 등 과일과 닭, 돼지 같은 가축이 떠내려왔다. 끔찍하게도 또래 여자 친구 한 명은 실족하여 강물에 휩쓸려갔다. 이런 자연의 위력 앞에 인간 존재의 무기력함도 보았다. 물이 들어찬 조밭 사이로 헤엄치는 커다란 잉어를 아버지께서 성긴 그물로 잡아다가 동네 분들에게 나누어주는 모습에서 베풂이 무엇인지도 어렴풋이 알게 되었다. 이렇듯 낙동강은 나의 삶에 영향을 주었고, 사춘기 또한 이러한 생활 속에서 강물이 흐르듯 훌쩍 지나갔다.

봄이 오면 강변에 파릇파릇 돋아나는 밀과 보리싹, 버들강아지, 구불구불 기어가는 뱀과 뛰어 나오는 개구리를 보고 생명의 오묘함을 느꼈다. 쟁명한 하늘에 까만 점이 움직이는 것같이 날아다니며 "지지배종" "지지배정" 지저귀는 종달새 울음소리를 들으면서 누나 따라 나물 캐러 다녔고, 여름이면 강가에서 멱 감고 배고프면 참외, 수박 서리하고 해 지면 갈대밭 사이로 난 오솔길을 따라 집으로 돌아오던 시절이 그립다.

한 아름의 버드나무 둥치에는 굼벵이가 꾸물꾸물 기어오르다 힘에 부쳐 대충 아무렇게나 허물을 벗어 걸어놓고 매미가 되어 강더위에 신떨음으로 노래를 불렀다. 가을이면 강 따라 흐르는 산기슭의 불붙은 단풍을 벗 삼아 유유히 흐르는 강물에서 숭어 낚시를 했다. 겨울이면 둔치에서 연날리기, 얼음 위에서 팽이치기를 했다. 물결 위 초승달이 어둠을 힘겨이 내몰 때 야산에서 들려오는 부엉이 울음소리 또한 아늑하였다.

내 어릴 적 보금자리와 같았던 강에는 해뜰참과 해거름에 이동을 하는 기러기 떼의 울음소리로 하루해가 뜨고 저물었다. 석양에 붉게 물든 하늘을 새까맣게 뒤덮는 철새의 비상은 일대 장관을 연출했다. 지금은 나의 기억 속에서만 떠올릴 수 있을 것 같아 안타깝기만 하다. 생명의 근원인 물이 있고, 거기에 어린 시절의 꿈이 있었다.

원시적 생명력으로 살아 숨을 쉬는 그때를 그리워한다. 쇠뜨기, 씀바귀, 쑥, 민들레, 고들빼기, 달맞이꽃과 억새가 어울려 자라던 곳, 설렘과 희망이 있고 그리워할 수 있는 대상이 있는 곳, 이것을 상실하면 내 전부를 잃는 것과 같다. 나는 현재 이러한 마음의 고향을 잃고 강가에서 외로이 홀로 나는 철새같이 떠돌고 있는 것 같아 마음이 무겁다.

유유히 흐르는 강물은 바라만 보아도 사고思考를 섭리에 따르게 한다. 세상살이의 고단함도 깨끗한 강물에 씻어 보낼 수 있는 그런 것을 원한다면 우리는 낙동강을 외경畏敬할 일이다. 바다를 향한 그리움을 품고 험한 길로 굽이돌고 바위에 부딪히고 모래에 깎이고 소용돌이에 정신을 잃기도 하지만 고독의 힘으로 바다에 도달하는 위대함이 있는 강물 닮은 삶을 그려본다.

내 고향 또한 내터이기에 태생 또한 축복받아 낙동강의 덕으로 할아버지처럼 부자로 살고 싶다. 자연을 벗 삼아 푸른 보리밭을 노래하고 종다리의 몸짓을 음미하는 그날이 부자로 사는 날일 텐데 그날이 언제쯤 올까?

노익장 老益壯

ㄱ자 할머니가 지나가고 있다. 할머니는 날마다 도로변의 우리 집 앞을 지나 시장으로 간다. 동네 사람들은 이 시간이면 누구나 ㄱ자 할머니가 지나가는 것을 볼 수 있다.

한손은 비닐봉지며 장사 밑천을 담은 장바구니를 끌고, 다른 한 손으로는 지팡이를 짚고 간다. 90도로 꺾인 ㄱ자 허리로 걸어간다기보다는 달팽이처럼 기어가는 것만 같다. 너무 천천히 걸어가서 할머니는 멈춰 있고 스쳐 지나가는 차들만 달리는 것처럼도 보인다. 어떻게 저토록 심하게 허리가 꺾여졌는지. 하기야 사람들은 어중간히 허리가 휘어진 것보다 완전히 꺾인 게 차라리 안 아프다는데 나는 그 말이 믿기지가 않는다.

할머니는 그 몸으로 하루도 안 빠지고 변함없이 시장으로 출퇴근을 하신다. 더운 여름에는 새벽 6시쯤이면 이미 길을 나선다. 저녁은

해가 다 진 후에야 퇴근을 하신다. 나는 종종 할머니 몰래 참으로 강직한 그분의 모습을 엿보며 사진을 찍는다. 한겨울 처음 할머니를 보았을 때는 거지인 줄 알았다. 머리에는 수건을 질끈 동여매고 몇 겹을 끼어 입은 옷들은 걸인 차림이다. 옷이 너무 낡고 더러워서 어느 날 보자기에 옷을 좀 싸서 드리니 단호히 거절하신다.

어느 비 오는 날이었다. 할머니는 쏟아지는 비를 그냥 다 맞으며 가고 있었다. 나는 가던 차를 급히 후진하여 타시라고 하니 그냥 가라고 손을 내저으신다. 저 비를 다 맞으며 가시려는지……. 할머니는 여전히 달팽이 속도로 앞만 보며 걸어간다. 그 자리에 서서 멍 하니 할머니를 바라보는데 지나가던 순찰차가 할머니 곁에 멈춘다. 할머니가 거절을 했는지 그들 역시 할머니가 가는 모습을 그저 지켜만 보고 서있다.

할머니는 시장에서 생선도 팔고 푸성귀도 팔고 닥치는 대로 장사를 한다. 팔십이 넘으신 얼굴에는 백전노장의 짙은 주름이 몇 겹으로 깊이 패여 있다. 비가 오나 눈이 오나 날마다 아침 일찍 좌판 대를 끌고 출근한다. 저녁이면 다시 달팽이 집 같은 궤짝을 끌고 집으로 돌아간다.

시장에는 그렇게 연세 많으신 어르신들이 몇 분 있다. 몸집이 더 좋아 보이는 야채장사 할머니도 노익장 중의 한 분이다. 언젠가 단감을 샀는데 상한 게 있어서 다음 날 바꾸러 갔다. 온갖 사람들의 작태에 이골이 난 할머니는 두 말도 않고 돈을 돌려주신다. 몇 개 상한 걸 그냥 먹을 걸 할머니에게 손해를 끼친 것 같아 죄송했다. 그 후 할머니의 단골이 되어 지나치면 눈을 맞추었다.

할머니는 무, 홍당무, 배추며 오이 여러 가지 야채를 파신다. 한쪽 다리를 절뚝거리는 할머니는 이래 뵈도 제법 돈을 많이 번다고 자랑이라도 하시는 듯 항상 수북한 돈 다발에서 잔돈을 내어 주신다.

결코 친절하지도 불친절하지도 않고, 오느냐 가느냐 인사도 없다. 고작 고추나 오이 몇 개를 사도, 김장배추를 여러 단 많이 사도, 별 말이 없는 할머니는 그 모습 그대로 변함이 없다. 더욱이 놀라운 것은 할머니는 십년 째 매일 진주에서 거제로 출퇴근을 하신단다. 장장 왕복 6시간은 걸리는 거리이다.

장사꾼이 아니라 삶의 구도자로 보인다. 가끔은 할머니가 그 자리에 없어 여기저기 기웃거려 보면 시장사람들과 소주 한잔 하고 계신다.

버스 정류장 옆에 좌판 대를 놓고 콩나물을 다듬어 파시는 할머니도 내가 점찍은 노익장이다. 이분은 80이 한참은 넘었는데도 허리가 꼿꼿하시다. 할머니는 안경을 끼고 앉아 책을 읽는 듯한 반듯한 자세로 계속 콩나물을 다듬고 있다. 콩나물처럼 호리호리해서 바람이 불면 훅 날아갈 것 같은데, 결석도 없이 매번 그 자리를 잘 지키고 있다. 고작 콩나물 천 원어치나 두부 한 모를 사도 일부러 찾아와 준다고 고맙다는 인사를 빼놓지 않고 격을 지키신다.

직업에 귀천이 없다는 것은 이분들을 두고 하는 말이다. 삼사백만 원 받는 월급쟁이보다 더 당당하고 부지런하다. 칠팔십이 넘으면 그저 집안에서 할일 없이 심심하게 남은 생을 바라만 보는 분도 꽤 많은데, 세 분 할머니는 젊은 우리들보다 더 열심히 살고 있다. 내가 야채를 사고, 생선을 사고, 콩나물을 사는 것은 할머니의 당당함을 사는 것이다.

이분들은 위인전기에 나오는 사람들보다 더 나에게 힘을 준다. 결코 비굴하지 않으며 자기 자리에서 열심히 하루를 살고 있다. 저런 불편한 몸으로도 꿋꿋이 살면서 노년을 성실히 살고 있는 할머니를 보면 나도 결코 생을 허비할 수 없다는 생각이 들어 주먹을 불끈 쥐며 각오를 새로이 한다. 그 어떤 인생의 지침서보다도 할머님들의 일상은 내 인생의 교과서가 된다.

집 부근에 대형마트가 몇 개 있다. 값도 싸고 엄청난 물량으로 눈요기할 만도 하지만 난 언제나 나의 소중한 친구 할머니들이 있는 재래시장으로 간다.

한편으로 궁금증이 생긴다. 자식들은 있는지, 저 강인한 정신으로 훌륭히 잘 키우셨을 것 같아 어디서 뭘 하는지 물어보고도 싶다. 과거가 없는 성인聖人이 없고, 미래가 없는 죄인이 없다고 했다. 쓸데없는 관심 접고 지금 여기서 저렇게 당당하게 사시는 모습 만 간직하자고 호기심을 접는다.

유영희

2007년 《수필과 비평》 등단

사람이 통영이다

통영은 토영사람들이 있어 통영이다.

노란 알루미늄 냄비를 닦고 또 닦아 기어이 은색으로 만드는 여인네들, 부엌 선반에 그 냄비들 크기별로 쌓아두는 손길이 통영이다.

돈푼깨나 벌었다고 집 사준다는 서방에게 세병관 가리키며 조 거 했다는 물색없는 여편네, 관용구로 만들어 한번 웃어주는 사람들이 통영이다.

마루 밑에 장작 줄 맞춰 채워 놓고 마른 메기 포 뜯어가며 겨울밤 긴 이야기로 풀어내는 이웃이 통영이다.

아낙네가 박쥐 문양이 수놓인 누비 포대기로 아기를 업고 섬섬이 자태를 돋우는 그 멋이 바로 통영이다. 이런 옛 시절이 지나도 여전한 건 음력 이월이면 바람이 세고, 멸간장 더불어 밥상에 오른 털게를 반기는 곳이 통영이다.

새벽시장 어판장 한 귀퉁이에서 상밥 한 숟갈 뜨고 생선의 비늘을 훑어내는 손길이 통영이다.

앞바다 물비늘같이 빛나는 언어를 그물 한 방으로 걷어 올리고, 갈매기 울음에 악보를 입혀 사공의 삿대도 노래를 하는 땅. 바다가 심드렁하니 드러누운 날, 그 빛깔 한 바가지 건져 한지 뜨듯 채반에 널어 말리면 빛나는 그림이 되는 곳, 그런 재주를 품고 살아 가슴이 뜨거운 이가 통영이고, 기어이 뗏목에 청춘을 묶어 역사를 확인하는 열정을 가진 사내를 키운 곳, 그 사나이로 하여 통영이다.

무엇보다 통영인 것은 조선을 보전하여 대한이 있게 한 뜨겁고 뜨거운 나라 사랑의 땅, 그날을 잊지 않고 곳곳에 사연 따라 이름을 붙인 마을, 그 마을 고샅길에 정이 흐르고 이 나라를 구한 승전의 북소리가 아직도 울리는 곳.

구국의 자부심을 유전자로 전하여 어디서든 당당하고 기센 사람들, 그런 사람을 키워내는 지아비와 지어미들.

오늘도 큰 망 꼭대기로 기도의 두 손을 향하는 그들이 통영이다

그 사람들이 있어 통영이다.

이광수

1990년 《수필문학》 천료, 1991년 경남신문 신춘문예 소설 당선
수필집 《사색의 오솔길》, 소설집 《일그러진 초상화》

코리언 드림을 꿈꾸는 사람들

텔레비전 채널을 돌리다가 우연히 모 방송국의 '아빠 찾아 삼만리' 라는 다큐멘터리를 보게 되었다. '코리언 드림' 을 꿈꾸며 한국에 와서 일하는 근로자와 그 가족의 극적인 상봉을 그린 프로여서 무척 감동을 받았다.

대구 성서산업공단의 자동차 부품제조공장에서 일하는 보티르 씨. 그의 고향은 우즈베키스탄이다. 그곳에는 아내와 두 딸, 그리고 생후 6개월이 된 아들이 살고 있다. 3년 전 새집을 마련하기 위해 한국에 와 저녁 7시부터 아침 7시까지 2교대로 근무하며 열심히 일하고 있다. 이 아빠를 만나기 위해 예쁜 자매 세빈치(12세)와 오리스타(10세)는 한국행 비행기에 오른다. 생전 처음 타 본 비행기라 두렵기도 하고 신기하기도 하다. 드디어 인천공항에 도착한 자매는 노트에 한글로 빼곡히 적은 길 찾기 안내문을 보여주며 인천공항터미널-인천

시외버스터미널–동대구버스터미널–두류지하철역–성서산업공단까지의 험난한 여정을 직접 체험한다. 물론 기획한 프로라 주위의 도움을 받으며 길 찾기를 하지만 결코 녹록한 일이 아니다. 지하철과 시내버스를 잘못 타서 왔던 길을 다시 되돌아가기도 하고, 선뜻 한국 사람들에게 말 걸어 보기가 어려워하는 언니 때문에 동생 오리스타는 울음보를 터뜨리기도 한다. 낯선 한국 땅에서 겪는 길 찾기의 힘든 과정을 여과 없이 잘 보여 주었다.

우여곡절 끝에 예정시간 7시간을 훨씬 넘겨 어둠이 내려서야 아빠가 근무하는 공장에 도착한다. 아빠 상봉의 깜짝 이벤트 연출과 미리와 대기하고 있던 엄마와의 만남 등 가족상봉의 극적인 장면들이 큰 감동을 자아내게 했다. 회사의 배려로 두둑한 휴가비와 3박 4일간의 특별휴가를 얻은 보티르 씨 가족은 내륙국에는 없는 바다부터 구경하며 즐거운 한때를 보낸다. 꿈같은 가족상봉 후의 작별의 시간이 다가왔다. 다시 만날 날을 약속하며 긴 이별을 해야 하는 장면에 눈시울이 뜨거워졌다. 가족의 행복을 위해 수만 리 타국 땅에서 코리언 드림을 꿈꾸는 사람들의 감동적인 휴먼 스토리였기에 긴 여운이 남았다. 예쁘고 착하게 생긴 두 딸과 그 가족들이 아버지가 열심히 벌어 준 돈으로 새집도 사고 가게도 내어 행복하게 살아가길 간절히 기도해 본다.

현재 한국에서 코리언 드림을 꿈꾸며 일하는 외국인 근로자 수는 21만 명에 이른다. 국민소득이 높아지면서 3D업종에 대한 취업기피 현상이 심화되자 정부에서는 외국인 근로자의 유입정책을 적극 추진하게 되었다. 동남아와 중앙아시아를 비롯한 중남미, 아프리카 등의 외국인 근로자 유입이 증가하고 있다.

한편 결혼 적령기를 놓친 농어촌 총각들의 결혼문제 해결을 위해 권장한 국제결혼이 다문화 가정의 확산으로 이어지고 있다. 이제 어느 농어촌이나 도시지역에서도 외국인 여성과 결혼한 가정을 쉽게 만날 수 있게 되었다. 일제강점기와 우리가 어렵게 살던 50~70년대에 어메리컨 드림을 꿈꾸며 미국으로 대거 이민을 떠났던 시절을 생각하면 격세지감이 든다. 국력 신장과 함께 해외거주 동포 수도 720만 명에 이를 만큼 커졌고, 그곳에 정착한 교민들의 사회적 지위도 높아졌다. 특히 200만 명이 거주하는 미국의 경우 우수한 두뇌집단의 이민으로 사회 각계각층에서 두각을 나타내며 눈부신 활약을 하고 있다. 또한 남북으로 대치 상태에 있는 우리에게 새로운 변수로 등장한 새터민(탈북민)의 증가는 또 다른 한국 사회의 변동요인으로 작용하고 있다. 3만여 명에 이르는 탈북민의 수는 갈수록 늘어나는 추세에 있고, 일찍 남한 땅에 정착한 새터민들의 활약 또한 서서히 부상하고 있다. 눈에 보이지 않지만 중국을 경유한 북한 내 이산가족 간의 물적인 교류가 진행되고 있어 통일 한국의 미래에 긍정적인 요소로 작용할 소지가 크다. 이는 단절된 민족의 동질성 회복에도 크게 기여할 것이다.

자본주의 대 사회주의로 첨예하게 대립하던 이념대결의 시대는 종말을 고했다. 경제와 복지 우선의 실용주의는 거역할 수 없는 시대적 흐름이다. 인간의 기본적인 욕구가 충족되지 않는 사회의 이념논쟁은 허공 속의 메아리에 불과할 따름이다. 이미 장마당을 통하여 시장경제의 단맛을 본 북한 주민들의 의식 또한 서서히 자본주의로 변하고 있다고 들었다. 세계 유일의 분단국인 한국이 통일된 나라로 함께 복지를 누리며 살 날도 시간문제인 것 같다.

코리언 드림을 꿈꾸며 한국을 찾는 외국인 근로자들, 한국 남자가 좋아 결혼한 결혼이민 다문화 가정, 북한을 탈출해 자유를 찾아 남한 땅에 정착한 탈북민들. 그들을 우리가 아닌 남으로, 우리의 일자리를 앗아가는 외부인으로 보는 부정적인 시각은 버려야 할 때가 되었다. 그들을 우리 사회의 일원으로 융합시켜 함께 잘 살 수 있도록 포용하는 자세가 필요하다. 코리언 드림을 쫓아 한국을 찾은 그들이 우리나라에서 이룩한 꿈을 다시 자기 나라에서 활짝 꽃피울 때 그들의 삶 속에 한국의 문화와 전통이 뿌리내리는 노둣돌이 될 것이다.

코리언 드림을 꿈꾸는 보티르 씨의 예쁜 두 딸 세빈치와 오리스타의 얼굴이 텔레비전 다른 화면에 겹쳐서 어른거린다. 오늘도 한국에서 열심히 일하는 아빠를 그리워하며 다시 만날 날을 손꼽아 헤아리고 있겠지…….

이승철

1991년 《수필문학》 등단
저서 《역사의 한시집》 《환상의 섬 거제도》 외

무너지던 포로수용소 잔해

처참하였던 동족상잔의 비극적인 포로수용소 잔해가 흉물스럽게 남아 있다. 비운의 역사를 증언하는 돌담 벽을 볼 때마다 그날의 아픈 상처가 되살아난다. 불행하였던 과거는 잊어버리고 싶은 것이 그 시대의 역사를 체험한 사람들일 것이다. 흔적이 없어진다고 역사 속에 영원히 사라지는 것은 아니다. 치욕적인 것도 역사요 문화재다. 두고 보면서 교훈으로 삼아 다시는 그와 같은 불행이 일어나지 않도록 하는 것이 우리가 할 일이다.

6·25전쟁의 상처가 아물 즈음 1970년 초반에 열화 같은 새마을 운동이 일어났다. 가난을 벗어나서 우리도 한번 잘살아 보자는 여망의 불길이 타오르기 시작하였다.

새 마음 새 정신으로 발전시키고 가꾸어 나가는데 그 뜻이 있었다. 무엇보다 후세 교육이 잘되어야 부강한 나라를 만들 수 있다는 교육

목표는 기술 인력을 키우는데 중점을 두었다. 그래서 인문고등학교나, 농업고등학교는 기술고등학교로 전환을 하게 되었다. 이때 고현고등학교는 고현기술고등학교로 전환하였다. 실습실을 만들기 위해 학교 뒤쪽에 있는 포로수용소 잔해를 헐어 버렸다. 그리고 고현중학교를 신설하면서 나머지 잔해도 없애 버릴 계획이었다. 학교 앞에 그런 건물이 있으면 보기가 흉하다는 이유와 그 땅을 학교에서 진입도로로 활용하기 위해서다.

나는 그때 거제군 공보실에서 문화유적을 담당하고 있었다. 포로수용소 유적지를 문화재로 보존하는 것이 어떻겠느냐는 여론을 각계각층에 설문 조사를 하였다. 정부 시책이 기술학교를 지어 인재를 양성하는데 있었기 때문에 한 사람도 보존을 하자는 사람이 없었다. 문화재적 가치와 관광적인 가치를 모르는 것이 너무나 안타까웠다.

어떤 일이 있어도 비참한 전쟁의 유물은 보존되어야 한다는 신념을 갖고 백방으로 노력하였으나, 문화재보호법에 50년 이상 지난 것이 아니면 문화재로 지정할 수 없었기 때문에 공식적인 거론을 할 수 없었다.

1977년 6월 첫째 토요일이었다. 마지막 남은 포로수용소 담벽이 무너지고 있다는 소식을 듣고 달려갔다. 나 혼자의 힘으로도 말려 보겠다는 생각에서다. 현장에 도착해 보니 고등학교 근방에 있는 것은 다 없어졌고 경비 중대 막사가 도자의 이빨에 무너지고 있었다. 그 주위는 교장 선생을 비롯한 여러 선생과 작업을 지휘하는 감독이 있었다. 교육자가 중요한 문화유산을 허물어 버린다는 것은 이해가 가지 않았다. 저런 사고를 갖고 후세 교육을 하였으니 우리 교육이 참

교육이 될 수 있겠나 하는 한심한 생각이 들었다.

남은 유적이라도 보존했으면 하는 생각으로 그들 앞으로 갔다. "앞으로 문화재로 지정해야 할 중요한 건물이니 이 부분이라도 살려두어야 합니다."사정을 했다. 불쑥 나타나서 공사에 방해가 되는 말을 하니까, 기분이 상했는지 안전모를 쓴 감독이 내 앞으로 다가서면서, "당신 누구요?" 한다. "거제군 공보실에서 나왔습니다." "공보실에서 뭐하는 사람이냐?" "문화재를 담당합니다." "뭐야 문화재를 담당하는 졸병 놈이 공사를 중단시켜. 야 이 새끼야 네놈이 군수보다 위냐, 군수가 하라고 해서 하는데 건방지게," 순간 나는 흙구덩이에 나뒹그러졌다. 구둣발이 날아왔고 욕설이 쏟아져 나왔다. 겨우 그 자리를 도망치듯 벗어났다. 그 굴욕은 뭐라 표현을 하지 못할 정도로 분하고 창피했다. 눈물이 쏟아져 앞이 보이지 않았다. 1km쯤 되는 군청까지 어떻게 걸어왔는지 모른다.

옳다고 생각되면 어떤 일에도 뛰어드는 잘못된 성격 때문에 원성과 미움을 살 때가 있다. 이로 인해 엄청난 피해를 당한다. 그런 성격을 고쳐야지 하면서도 고치지 못하는 것이 천성인가. 또 큰일을 저질러 놓았구나 하는 후회를 하면서도 어떻게 해서라고 보존을 해야 한다는 생각이 떠나지 않았다.

해가 서산에 걸릴 때쯤 관내 출장을 나갔던 군수가 돌아오신다. 역대 군수 중에서 배포가 크신 옥성선 군수다. 나의 뜻을 이해할 것 같아서 조금 전에 있었던 일을 말씀드렸다.

"돌덩이에 시멘트 발라 놓은 포로수용소 잔해가 다른 곳에도 많이 있으니 놔둬, 필요하면 뜯어다 옮기면 될 것 아니냐." 군수의 이런 말씀에 한 가닥 희망마저 잃게 되었다.

문화재를 아끼고 이해할 수 있는 사람은 동아대학교 박물관장이며 문화재 전문위원인 김동호 교수와 경남도 이굉지 사무관이었다. 교환을 거쳐서 연결되는 자석식 전화는 통화 중이거나 신호가 가지 않아서 한 시간쯤 지나서야 겨우 전화가 연결되었다. 부재 중이라 사모님께 '김 교수와 전화 연결이 되었으면 하는 부탁을 남겼다.' 밤 열 시쯤 김 교수로부터 집으로 전화가 왔다. 오늘 있었던 일을 말씀 드렸더니 내일 거제로 오겠다고 한다.

그 전화를 받고 나니 새로운 희망이 보이는 기분이라 뜬눈으로 밤을 새웠다.

일요일 아침 성포항에 택시를 대기시키고 기다렸다. 김 교수와 박정인 부산일보 정치부 기자가 동행을 했다. 식당에서 간단하게 아침 식사를 하고 공사 현장에 도착했다. 나는 먼발치에서 그들의 행동을 주시하고 있었다. 문화재 전문위원과 부산일보 기자는 현장을 둘러보고 사진을 찍은 후 돌아왔다.

다음 날 부산일보에 대서특필로 "포로수용소 유적지가 도자의 이빨에 무너지고 있다."는 보도가 나왔다. 이 기사를 본 문화재 관리국에서 때늦게 보존 대책에 나섰고 경상남도에서는 공사 중단을 내렸다. 그리고 긴급으로 문화재 가지정을 하였다. 문화재 관리국의 긴급 복구 명령이 내려, 시공 회사서 복구를 하였다. 경남도비 1천만 원으로 철책과 안내판을 설치하여 보존을 하게 되었고 이어서 지방 문화재로 지정을 하게 되었다.

정의는 승리를 하였다. 학자의 양심도 살아 있고, 언론의 힘은 여론을 진실로 대변한다는 것을 알았다. 지난번의 굴욕이 통쾌감으로 힘을 얻게 하였다.

세계적인 명물로 빛을 볼 것이라며 설문 조사를 할 때나 보존을 외치고 나닐 때 모두가 외면을 하였는데, 요즘 와서는 공로지가 왜 그리 많은지, 양심을 팔아먹는 기회주의자들이 마치 자기의 업적처럼 과시를 한다.

비운의 역사가 돌담벽 속에서 하나하나 되살아나고 있다.

이처기

1989년 《현대시조》 신인상, 1990년 《시조문학》 천료
시조집 《넘문리 가는 길》 《화진포 연가》 《장엄한 절정》

광복 70년! 남해군민도 노래하자

KBS에서 광복 70년을 경축하는 기획 행사인 〈광복 70년, 국민 대합창, 아! 대하민국〉이 전국 각지마다 대합창의 열풍으로 이어지고 있다. 1945년에 태어난 해방둥이는 70세 할아버지 할머니로 〈우리 가歌〉실버 합창단을 만들어 동요 「오빠 생각」과 「아리랑」을 합창하며 국민 가수 이선희가 지휘하고, 일반 상인들과 국회의원으로 구성된 합창단은 〈아! 대한민국〉을 노래하고 조영남이 지휘한다, 국민 스타 김연아가 이끄는 20대의 합창단이 희망의 노래를 합창하고 경향 각지의 우수한 합창단이 그 지역을 대표하여 광복 70년 국민 대 합창에 참가하는데 남해도 남해를 알리는 노래를 합창하여 애향심을 기르고, 애국심을 불러일으키는 국민 대합창의 경축행사에 참가하면 얼마나 좋을까 하는 생각을 해 본다.

조국 광복의 감동을 되새기는 메아리가 서울 월드컵대경기장에서

8월 15일을 전후하여 전국 곳곳에 울려 퍼질 것이다. 남해군민과 각지에 살고 있는 많은 향우들이 고향을 그리는 남해의 노래를 합창하면 애향심도 더 깊어지고 화합도 될 것이다. 남해에도 군민 합창단, 학교 합창단, 신문사와 종교단체에서 지원하는 합창단, 복지회관의 노래 부르기 반 합창동아리가 있다. 그래서 남해와 관련된 남해의 노래, 동요, 민요, 가요, 시조를 떠올려보며 남해 노래 부르기 운동을 제언해본다.

「섬집 아기」는 한인현 작사인데 섬을 소재로 한 동요이다 "엄마가 섬 그늘에 굴 따러가면 아기가 혼자 남아 집을 보다가 바다가 불러주는 자장노래에 팔 베고 스르르르 잠이 듭니다." 남해 섬을 직접 그린 노래는 아니지만 가사도 아름답고 곡도 애잔하여 들으면 누구나 섬에서 자라던 동심으로 돌아가게 한다.

다음은 「남해강산」 민요이다. "금산의 허리에 아지랑이 끼이고 용문사 절 골에 뻐꾹새가 울며는 이 언덕 저 언덕에 봄볕이 쪼일 적에 나물 캐는 처녀들의 노랫소리 고와라 에헤야 좋구나 얼씨구 좋구나 에헤야 좋구나 우리 남해강산이." 작사자는 미상이지만 남해강산이 그림처럼 나타나고 구전으로 전해오는 경쾌한 곡이 고향을 그리워하게 한다.

남해 민요집에 실리고 박춘옹 씨가 채록한 「남해의 소리」 민요를 소개해본다 "금산 위에 뜬 구름아. 눈 실었나 비 실었나. 눈도 비도 야 아니나 실고 노래 명창을 날 실었네. 노래명창을 니 실었걸랑 수많은 장단은 나를 주소." 구전으로 전해오는 이 민요는 구수한 남해 분위기를 담고 있다.

남해를 소재로 한 가요 「밤배」가 있다 1970~80년대 포크듀엣 〈둘다섯〉의 멤버 이두진 씨와 오세복 씨가 금산에 머물면서 상주 앞바다에 떠다니는 불빛을 보고 노랫말을 만든 노래이다. "검은 빛 바다 위를 밤배 저 밤배 무섭지도 않은가봐 한없이 흘러가네. 밤하늘 잔별들이 아롱져 비칠 때면 작은 노를 저어저어 은하수 건너가네…." 감미로운 이 곡은 국민에세 애창되기도 한 노래이다. 「밤배」 노래비가 상주 은모래 비치에 서 있다.

필자가 지은 「남해찬가」가 있다. 서시 외 1읍 9면을 노래한 11수로 된 시조인데 「서시」는 "다도해 푸른 물빛 삼자향기 스민다. 억만겁 회한을 안고 이어온 반도의 막내 금양호 뱃고동 운다. 화전 옛터 찾아가자."이다. 설천은 "대교로 관문을 여니 구두산봉 우뚝하고 노량해 충렬사는 사직 충절 담고 있다. 굽이진 신작로 둑에 치자향기 드높아" 로 읊고 있다. 고현, 남해읍, 서면, 이동, 삼동, 상주, 남면, 미조를 읊고 그리고 창선을 다음과 같이 노래하고 있다. "창선도 교각나루 대륙으로 이어졌네. 강진해 굽이돌아 밀려오는 저 물결 남해의 어진 허리여 학이 되어 날아라."이다

그 외 강홍두 님이 지은 「군민의 노래」, 가수 설운도가 부른 「남해로 오세요」, 남해 출신 이상래 님의 「남해아리랑」, 박정삼 님의 「보물섬 남해」, 고재억 님의 「노을 진 남해대교」, 홍춘표 님의 「유자꽃 피는 고향」 등이 있다. 남해 노래를 부르며 애향심을 드높이자.

이한영

1996년 《아동문예》 등단
작품집 《꼬마마녀 단볼이》《신나는 아동극세상》《상족암의 비밀》 외

사랑하면 알아야 하는 우리 경남

아는 만큼 보인다는 말처럼 아는 만큼 사랑한다는 말도 있다. 우리는 다 말할 것도 없이 내 고장 경남을 아끼고 사랑하는 사람들이다. 도 대표선수가 전국대회에서 승부를 겨룰 때나 우리의 연고팀 NC다이노스가 다른 팀과 야구경기를 펼치면 나도 모르게 목이 터져라 응원한다. 그게 바로 어쩔 수 없이 우리 몸속에 들어있는 향토애이다. 고향의 범위를 조금 넓히면 바로 시군이고 도가 되니까 우리는 모두 문화 DNA가 같은 도민인 것이다.

그런데 이렇게 아끼고 사랑하는 경남에 대해 우리는 과연 얼마나 알고 있을까? 경제적 여유가 생겨서 해외여행을 떠나는 것도 좋은 일이지만, 국내여행이나 우리 고장을 속속들이 알아보려 각 지역을 다녀보는 것도 꽤 의미 있는 일이라 할 수 있다. 아는 만큼 사랑하게 되고 또 사랑하면 알아야 하니까 말이다.

마음 맞는 친구들 다섯 명이 한 달에 한 번씩 경남을 순례한 지 어언 2년이 넘었다. 각 시군별로 순차적으로 다녔으니 18개 시군을 두 번째 돌고 있다. 하루 나들이로 그 시군을 다 둘러봤다고 할 수야 없겠지만, 그래도 그 지역의 문화와 역사, 훌륭한 인물과 수려한 자연경관 등을 아는 데 조금은 도움이 되고 있다. 다녀보면 우리 경남이 참 아름다운 고장이란 생각이 절로 들며 사랑하는 마음이 깊어진다.

지난 2012년 미국CNN에 소개된 한국의 비경 50선에 경남의 9곳이 최고의 여행지로 선정된 것은 자랑스러운 일이 아닐 수 없다. 합천 해인사, 지리산 천왕봉, 황매산 철쭉축제, 진해 벚꽃길, 창녕 우포늪 등 경남의 대표적 명소들이다. 그러나 어찌 자연경관만 아름답다 자랑하랴. 이 아름다운 고장에서 순박하고 인정스런 사람들이 대대로 살아오고 있고 또 수많은 인물이 배출되었으니 이것이야말로 진정 우리 경남의 자랑이다.

학자로는 멀리 고운 최치원 선생으로 부터 시작해서 가깝게는 이은상, 이원수, 김춘수 등의 문인들과 성리학자인 정여창, 조식, 김종직이 있고, 조선의 기틀을 닦는데 한몫을 한 무학대사도 합천 사람이다. 사명대사나 곽재우 등 나라의 위기를 구한 인물들과 문익점, 주세붕, 최윤덕 장군도 자랑스런 우리 경남 사람이다. 또한 가야시대의 우륵과 현대의 인물인 문신 조각가, 윤이상 음악가, 전혁림 화백도 모두 경남의 예술인들이니 일일이 다 거론하려는 자체가 어리석은 일이다.

경남의 지형을 자세히 보면 암탉이 병아리들을 거느리고 앉아있는 모습이다. 병아리란 남해안의 올망졸망한 섬들이다. 암탉은 통통하게 살이 많이 쪄서 넉넉하고 풍요롭다. 서, 북 지역은 지리산, 가야산을 삶의 터전으로 삼아 역사를 이루어왔고 동부와 남부지역은 낙동강이 유유히 흐르며 기름진 평야를 이루고 바다로 흘러들어간다. 예로부터 지리산을 은거시로 수많은 유학자들이 모여들어 성리학의 맥을 이어오며 전통문화를 잘 보존해왔다. 반면 해안지역으로는 신속히 외래문물을 받아들이며 상공업지역으로 발전해왔다. 말하자면 전통과 신문물이 공존하며 조화롭게 발전해 온 것이다. 지리산, 덕유산이 병풍처럼 둘러쳐져 있고 섬진강과 낙동강이 감싸고 흐르는 사이에 펼쳐진 곳이 바로 풍요의 땅 경남이다.

보물섬 남해와 거제를 어찌 빼놓으랴. 유배지라 중앙의 문화가 직수입되어 문화수준이 매우 높다. 서포 김만중과 자암 김구 선생도 이곳을 거쳐 가 화려한 유배문학이 꽃핀 곳이다. 그리고 그 앞으로 펼쳐진 수려한 한려해상국립공원은 또 한 번 경남의 아름다움을 자랑하고 있다.

경상남도! 유서 깊은 가야의 땅이고 자유와 평화를 사랑하는 사람들이 모여 사는 고장이다. 그러나 옳지 못한 일에는 분연히 일어나 투쟁할 줄도 아는 의로운 사람들이다. 현대사의 물줄기를 바꾼 사건들이 이 고장에서 여러 번 일어난 것이 결코 우연이 아닌 것이다. 알면 알수록 더욱 사랑스럽고 자랑스럽다. 따라서 우리의 경남투어는 앞으로도 계속되고 거기 맞춰 경남사랑의 마음도 더욱 깊어갈 것이다.

이희경

2007년 《한국수필》 등단
수필집 《하늘파리》

소매물도에서

혼자만의 여행을 하기로 마음먹었다. 하루 만에 다녀올 수 있는 곳을 물색하던 중, 텔레비전에서 아름다운 섬으로 소개된 소매물도가 생각나 집을 나섰다.

소매물도는 통영항에서 남동쪽으로 26km 해상에 있다. 매물도와 바로 이웃하고 있으며 동쪽의 등대섬과는 물이 들고 남에 따라 열목개 자갈길로 연결되었다가 다시 나누어진다고 한다.

그곳으로 향하는 배에 탑승하여 둘러보니 안면 있는 사람은 아무도 없다. 여행객들은 가족, 계모임, 동창, 연인, 친구들과 함께였다. 배가 지나간 자리엔 하얗게 부서지는 파도가 연 꼬리처럼 헤엄치며 따라온다. 바다 위에 있다 싶으니 내 심장 펌프관이 요동치며 혈액이 맑게 공급되는 것 같다. 숨을 길게 내뿜어 본다. 몸속에 쌓여 있던 나쁜 균들이 모두 퇴출되고 따가운 햇볕에 이불을 말리듯 마음이 개운

하다. 살짝 뺨에 부딪히는 바람도 살갑다.

사람들을 따라 배에서 내렸다. 어디로 가야 할지 잠시 막막하다. 오후 5시에 배가 출발한다는 안내방송이 조그만 섬에 울려 퍼졌다. 오후 1시 배를 탔기에 섬을 돌아보려면 부지런히 길어야 한다. 빠른 걸음으로 산길을 걷는다. 5월의 연초록 나뭇잎과 어우러져 보이는 바다의 맑고 깨끗한 풍경이 급한 마음을 진정시켰다. 깨끗하고 아름다운 풍경에 느릿느릿 걷기도 하고 발걸음을 멈추기도 했다. 아치형 나뭇잎 사이로 비치는 햇살이 눈부시다. 오솔길을 걸으니 고향에 온 것같이 친근하고 포근하게 나를 감쌌다.

소매물도에서 바라다 보이는 등대섬의 아름다운 풍경이 잠시 넋을 잃게 한다. 내려다보이는 바다의 시원함에 가슴이 확 트였다. 폰으로 사진을 찍으려니 내 모습이 들어간 배경 사진을 찍는 게 쉽지 않다. 혼자인 것이 못내 아쉬워진다. 먼 훗날 아름다운 추억이 될 나만의 경치를 가슴속에 오롯이 새겨본다.

내 마음이 즐거우니 지나가는 사람들의 얼굴이 모두 꽃처럼 아름답고 나무처럼 편안해 보인다. 그들의 행복한 표정에서 자연의 위대함과 넉넉한 품이 느껴진다. 등대섬으로 가기 위해 바닷가로 접어들었다. 바닷길이 하루에 한번 열려 건널 수 있는 모세의 기적이라 불리는 길목에 서성거렸다. 물이 빠지려면 한두 시간은 족히 설릴 것 같아 신발을 벗고 바지를 걷었다. 바닷물을 찰방찰방 밟으니 물이 차가워 온몸이 오싹해진다. 초행길이지만 여기를 건널 수 있으니 행운이라 여겨 즐겁다.

등대섬에는 바람이 세차게 분다. 풀어져 있던 마음에 한기가 들고

서걱서걱 갈대 울음소리에 외로움이 슬며시 느껴진다. 혼자서 아름다운 경치를 바라보니 마음을 나눌 수 있는 가족이 벌써 그리워진다. 해삼과 전복, 소라 등을 사 먹고 싶었지만 일행이 없어 아쉽기만 하다. 자유를 만끽하고 싶은 여행이지만 막상 혼자가 되니 쓸쓸하기만 하다. 말동무도 되어주고 가파른 길 서로 손잡아 주는 벗들이 얼마나 소중한지 깨닫기도 한 하루였다.

평론 | 전문수

1964년 경향신문 신춘문예 · 1970년 중앙일보 신춘문예 동시 당선, 1981년 《현대문학》 문학평론 천료
평론집 《문학의 존재방식》, 시집 《천문》, 동시집 《천심》

천문시학 시고

주지해 온 바와 같이 시는 시인이 지은 언어의 집, 즉 시가 들어가 사는 집이다. 사물들이 제공하는 유무상의 언어 질료를 이용해서 어떤 미적 주제 의식을 표현한 집이다. 따라서 시적 언어들의 유기적 기능들에 의해 한 편의 시는 다양한 세계를 반영한다. 시인의 인생관, 시대의식, 세계관, 윤리관, 또는 미학관, 그 시인의 인식양식까지 다성적 언표와 언지가 들어 있다. 그래서 시는 그 사람이요 거울이라고 말하기도 한다. 따라서 시에 대한 시인들의 매우 진지한 시정신과 그에 걸맞는 시적 역량을 요구한다. 시인은 시를 시로서 제자리에 서게 하고 시인 스스로도 시인다운 정도에 서야 한다. 잘 갖춘 시적 품격을 가장 우선하는 미학이 시이다. 어쩌면 가장 엄격한 순교주의를 시가 요구한다고 해도 과언 아니다. 시만은 선비정신이 시 정신에 수평축으로 버티고 있어야 한다고 생각한다.

요즈음 시의 흐름이 후기 자본주의 세기말적 종말 현상이 공학적 상업미학으로 변태하여 비굴한 굴종을 겪고 있다고 본다. 시가 인간 삶 속에 깨끗하고, 편하고, 순진하고, 정직하게 다가서서 구원자의 기능을 하지 못하고 온갖 세기말적 단말마에 함몰되고 있다.

시는 독자를 위한 것보다 시인 자신의 구제 내지는 구원 기능이 일차적이라고 생각한다. 그런데 현실은 시인 되는 데 급해져 있고 그래서 그게 권위를 넘어 권력이 되는 속물적 타락이 일고 있다고 생각한다. 문학에 대한 자기 철학 없이 언어를 교묘하게 다루어 시작 기술자들로 전락되는 현상이다. 시인보다 인간이 먼저 되라는 말이 더 절박하게 다가온다.

중언부언했지만 결국 독자를 깔보는 시를 함부로 내보내는 것은 시 세계의 공해라는 요지였는데, 나 자신의 이런 시작 행위에 대해 변명을 늘어놓고 있는 셈이다. 문학으로 밥 먹고 행세한 사람이 왜 아직 시 한 편 제대로 없었느냐는 주위의 질타를 면피하려는 속셈이기도 하다. 나의 능력도 문제지만 저간의 지나친 내 시적 결벽증 또는 순종 가리기 같은 것이 한몫했다는 지적도 받았다. 작품 앞에서는 겸허하자는 생각이 도를 넘어 자기변명이다 는 지적도 있었다.

그래서 얼마 전 몇 편의 상재를 용기 내기로 하였는데 여기에 몇 가지 욕심까지 부리게 되었다. 기왕의 출간이라면 천문시학이라는 나의 저간의 주장을 실험적으로 시도를 해보기로 한 것이 그 하나다. 일종의 '테마 시집' 을 생각해 본 것인데. 욕심이 너무 과하게 된 것 아니가 싶다. 시는 단편적인 소재의 기술적 언어 조탁보다는 일관된 자기 시세계 갖는 것이 중요하다고 보았기 때문이다. 천문시학, 즉 자연의 천리를 겸허히 받아들이는 천도의 재도 미학이 시임을 주장하려는 것도 이의 일환이라 할 수 있다. 이 그 시집 각 장마다 의도적으로 시에 대한 촌감寸感을 조금씩 곁들인 것도 이런 테마성과 연유하고 있다. 그러나 시십의 선 시가 일관된 테마일 수 는 없을 것이다. 시학에 한 시론의 일관성에 의존할 뿐이다.

아울러 시를 아주 편하게 감상할 수 있도록 속이 훤히 들여다보이는 시를 나는 좋아한다. 나름의 때 묻지 않은 솔직담백한 시, 현학적으로 꾸미지 않은 시를 보이고자 노력했다. 즉 천문시학과 접목해 보고자 했다. 누구하고도 소통되는 쉬운 시가 마치 유치한 미숙과 무지로 보이는 허세를 꺾어 보고 싶기도 했다. 진실 내지 진리에 굴복하고 정직한 시가 이제 필요하다고 본다. 자기 시를 자기가 해설 못하는 것을 마치 시적 경지에 든 시성이나 된 양 기만하는 것도 그쳐야 한다고 본다. 시의 애매성과 모호성을 시어의 숙명성과 연계 못 시키고 구별이 안 되는 것이 이제 반성돼야 한다. 아무리 난해한 철학적 이론도 초등학교 3학년이 이해할 수 있어야 한다는 철학계의 철학교육론을 직시해야 한다고 본다.

어쨌든 목적과 이념이 아무리 좋다고 해도 자기가 창작한 작품의 발표는 항상 두렵고 계면쩍다. 발표를 쉽게들 하지만 시간 가면 부끄러운 것이 실로 창작집이 아닌가 한다.

천문시학의 견지에서 필자는 천문시론을 저간의 문학 강의나 소이 '촌철비평寸鐵批評' 이란 이름으로 거론해 왔었는데, 우리는 꽃을 이해할 때 국어사전적 풀이, "식물의 번식(생식)기관"이란 뜻의 식물학적 개념을 일상에서 사용하는 경우는 많지 않다. 농사에 종사하는 분이나 식물학 연구를 하는 분 외에는 대개 감성적 정서 표현의 비유나 은유, 상징으로 그 의미를 일상 속에서 활용한다. 아름다운 대상, 예쁘고 귀여운 대상, 축원이나 기도 대상, 희망이나 최고 정수의 대상 등등으로 다양한 언표言表로 그 언지言志를 사용한다. 필자는 이런 현상을 꽃의 발화發話 설질 또는 발화라고 칭한다. 그간 전 세계적으로 꽃말이 있음은 익히 아는 바다. 꽃마다 개성적인 꽃말이 있어서 꽃이 말을 하고 있다는 것을 모두 안다. 그렇다면 꽃뿐만이 아니라 모든 삼라만상의 사물들은 그 만상의 형상대로 그 기호적 언표를 갖고 발화한다는 보편성이 확보된다. 가령 산은 그 정상의 언표로 소유하고자 하는 이에게 어떤 언지를 발화하고, 하늘은 하늘대로 그 푸른 높이나 색으로 소유하고자 하는 개인에 맞게 발화한다. 낙엽이 떨어지는 자연 현상 역시 그 모습이 바로 언표요 언지요 발화이다, "가을이 왔습니다."거나 "또 한 계절이 바뀝니다."거나 "낙엽은 나무가 떨어뜨립니까, 하느님이 보내는 것입니까" 등의 상상할 수 없는 많은 표현방식으로 발화를 쏟아 낸다.

이런 입론에서 우리는 이 발화 주체 내지 주인 즉 발화자를 누구라고 보는 것이 가장 논리의 보편성과 합리성을 얻느냐로 생각을 전환해보게 된다. 필자는 외연이 가장 커서 그 의미 포괄이 넓은 천지신명님 즉 하느님을 설정하였다. 왜냐하면 삼라만상은 유무상의 모든 자연형상이기 때문에 그 발화성의 성격과 깊이가 무한해서 어떤 개별 사물 하나로 그 주재성을 축소해 부여할 수 없거니와 논리의 합리성도 문제가 있다고 본 것이다. 일찍이 우리는 천성天性, 천혜天惠,

천륜天倫, 천분天分, 천명天命, 천벌天罰 등등 하늘이 준 것들을 많이 갖고 있다. 그래서 사물의 유무상적인 모든 현상의 발화성을 하늘이 주었다고 보아 천문天文라는 용어로 범주화를 하는 것이 미학적이라고 생각하였다. 좀 불편한 것은 이미 천문학이라는 과학이 있어서 의미 충돌이 있으나 예술론이나 문예미학에서는 천문학이란 과학 용어와 만날 일은 거의 없을 것이니 문제될 것은 없다고 하겠다. 이미 미학에서도 사실상 논의의 중심이나 주장의 강조가 달랐을 뿐이지 천문미학적인 것이 없었던 건 아니다. 칸딘스키 같은 미학자는 미술에 대해 언급하면서 세계에는 이미 그림이 다 그려져 있다고 했다. 다만 미술가는 어떤 능력과 노력으로 이를 발견하여 자기화하느냐 문제라는 취지였다.

그래서, 천문시학 내지 천문시론은 문인들이나 시인들의 창조적이고 구체적인 창작 원론으로 손색이 없다고 보았다. 특히 창작 입문이론으로도 편리하게 응용될 수 있다고 생각한다. 모든 시는 다 천문이다. 모든 수필도 다 천문이다, 모든 소설, 아동문학이 다 천문이다. 모든 인간을 포함한 모든 사물의 유무상적 현상의 발화를 인간이 인문人文으로 해독하고 해설하여 미학적으로 소유하는 행위들이기 때문이다.

이런 발화들을 소리로 변형시켜 누리면 음악이요, 색이나 어떤 구성적 형상으로 조형하면 미술이다. 다 천문 미학의 범주에 들고 만다. 한 송이 국화꽃을 피우기 위하여 소쩍새는 봄부터 그렇게 울었고 천둥도 먹구름 속에서 울었다는 유연성有緣性은 서정주 시인이 이미 두 사물 사이의 천분天分,또는 천명天命된 발화를 읽고 인문화해 냄으로 우리가 알게 되었다. 모든 존재들은 이런 유연성의 개연성 속에서 어떤 자기 본질 또는 정체성을 고정시키지 못하고 상호간의 사물 사이를 떠돌고 있다. 사실 인간을 포함한 모든 존재들은 본질적 자기 자성을 홀로 독립하여 가지지 못하고 타 존재들과의 관계망 속에서 의미를 얻고 있을 뿐이다. 즉 실존적일 수밖에는 없다. 만물이 갖고 있는 유무상의 질료들은 무엇이 될 관계나 어떤 구조를 가질 뿐이다. 만일 구조나 관계가 변하면 그에 따라 존재적 의미는 변하고 만다. 이와 같은 세계인식은 자연의 본질 내지 천분의 영역이라 볼 수밖에는 없다. 익히 알고 있는 천기天氣란 말을 빌려 쓴다면 존재는 이미 천성을 가진다. 자연성과 천성은 같은 것이라고 할 때 모든 존재는 그 천성, 즉 무엇이 될 가능성과 천지 조화력까지를 내포하고 있다.

모든 글은 다 이런 사물이 갖고 있는 관계나 구성을 통한 의미 구조를 보여 줌으로써 독자가 나름의 의미를 찾도록 하는 언어 장치요 또 다른 큰 언표다. 잘 지은 글의 집은 매우 매력적인 구성과 표현기법으로 문맥이나 행간에서 값진 의미가 독자에게 쏟아져 나오는 건축이다.

천문시론은 작품에 대한 객관적 형식미학과 문학적 의미의 가치에 대한 천기, 내지 천분적 신비성과 천리의 재도성載道性을 아우르는 입론이다. 문학작품은 가치 있는 주제의식을 수준 높은 표현 기법으로 창조된 것이어야 한다. 이미 발굴되어 미적 기능을 잃은 것이나 상식 수준의 주제를 표현만 소위 낯설게 또는 모호하게 말재주만 부려 창작자 자신도 자신 없는 것들을 무작정 발표만 해대는 자금의 행태는 개선되어야 한다. 이런 현상은 문학에 대한 자기 철학의 부재에서 온다고 본다. 천문시론은 천리로 이루어진 천문을 고심해서 발굴하여 역시 천문이 노리는 기법을 좇아서 창작한다면 우리는 문예 창작품의 최소한의 품격은 갖출 수 있을 것이라 생각한다. 인간 문화가 상호 텍스트적 무한 담론이듯 창작도 사물들 간의 무한 담론으로 이루진다. 따라서 한없이 풍성한 사물들의 발화가 쏟아지고 그 천문 표현기법도 무한히 다양한 세계 속에서 창작 활동을 할 수 있다. 천문시론이 창작론의 기저가 되기를 바란다. 한정된 지면의 이 간략한 개설은 앞으로 좀 더 구체적인 실제로 전개돼 갈 것이다.

1. 천문天文

시심은 삼라만상에 대한 천심의 언표言表 즉 천문자天文字를 읽어내어 인문자화人文字化하는 미적 표현의 문심력文心力이다. 인간이 체험할 이 세상은 이미 나보다 먼저 위대한 시를 지어 언표해 놓은 분이 있다는 생각이 천분시론 내지 천문시론이다. 그분은 천지신명님이신데, 하늘 문자로 사물의 만상에 시를 써 놓으셨다고 생각하여 이를 천문이라 이름 짓고 감히 천문시학을 홀로 생각해 왔다. 시인은 천지신명의 천문을 인간 문자로 해독해 내는 시작 행위를 한다고 생각하자는 것이었다. 시는 교묘한 말로 시를 조립하는 것이 아니라 삼라만상의 사물 속에서 겸허히 천문을 찾는 작업의 산물이라는 것이다. 그래서 시는 짓는 것이 아니라 찾는 것이라는 생각이다. 시인은 시를 찾는 자다. 그림과 음악 등 모든 미학이 자연 속에 이미 성립돼 있다고 본다.

그간 이런 천문시론을 좀 고집스럽게 강의해 왔다. 왜냐하면 시의 본질을 이해하는 가장 쉽고 재미있는 입문入門이라 생각하기 때문이다. 천심이 인심이요 순심이요 시심이라는 아주 간단한 잠언 한 문장이면 족하다고 생각한 것이다.

그러나 정작 나는 아직 그런 시를 못 이루고 있다. 모든 사물의 언표들은 천분의 언표요 언지言志라서 매우 그 은유와 상징성이 넓고 깊어서 그 암호 같은 언표의 해독을 해내는 능력이 아주 부족하기 때문이다. 천문을 제대로 독파 못 하니 어찌 내가 좋은 시인을 꿈꾸었겠는가. 언감생심, 시인이라는 말 입 밖에도 못 낼 일이라 생각한다.

그러나 모든 시작마다 다 천문일 수는 없지만 단 몇 수라도 천문을 쓰고 싶다는 가당찮은 욕심과 꿈은 버리지 못하고 있다.

가을 독서

"노란 단풍잎이
나뭇가지 끝에서 떨어진다."

천상의 나라에서
지상의 나라로
쓸쓸히 지는 한 문장.
천지 운행의
판단문判斷文

나뭇가지가
단풍잎을 보내는 것인지
하늘이 보내는 것인지
지상에 던져지는 한 명제
낙엽 지는 산허리의
벚나무 길이
오늘은 더욱 난해한데,
아무 귀띔도 못하는
바람꼬리에 걸려
백년 적송 아래 앉은
나도 해설 없는
단문單文 하나다.

2. 시의 꽃

시인은 몸으로 갔던 곳을 다시 마음으로 가거나 아예 몸이 못 갈 곳에 마음을 보내어 더 높은 가치의 금을 캐는 사람이다. 그러면 시인이 캐낸 그 시의 금은 무엇일까. 시의 꽃은 시가 아니라, 시라는 자궁에서 출생한 아름다운 미요, 정서요, 인생의 진실이다. 언어예술은 언어의 숙명적 특성 즉 사물의 관계적 구조에 따라 관념적, 미적, 윤리적 의미 등이 다양하기 때문에 매우 다성적이다. 그래서 담화성을 피할 수 없고, 그로 하여 오는 함축성이 커서 다른 예술 장르를 뛰어넘는다. 시가 순수 예술이라고 할 수 없는 점을 오히려 장점으로 보아야 한다. 즉 시의 천문성, 재도성을 피할 수 없다는 것이다. 그러므로 시인이 노리는 시의 꽃은 참된 삶에 이르고 생명의 외경이란 진수에 도달해야 한다. 시가 시인 자신의 구원이 되고 지혜가 되고 인격이 되는 이유가 여기에 있다. 일상의 평범한 소재라도 그 시적 인식의 깊이가 이전의 삶과는 놀랍게 달라야 한다. 즉 시를 얕보는 것은 시와 시인됨을 스스로 폄하하는 일이 된다. 이런 태도는 시가 결코 자기 구원이 될 수 없다.

시인의 영광은 살고 있으나 죽으나 천문의 천도를 이루었다는 찬사가 꿈이어야 한다. 그러자면 모든 사물의 구경적 경지에 도달하고자 하는 시인의 진정한 마음이 천문의 비밀을 캐내어 이루게 될 것이다.

꽃

꽃은 언제나 이미
정해진 정점에서
피고 진다.

내가 무심히 던진
돌멩이가 한 치 차이 없이
정해진 한 점에 적확하게

떨어진다.

백두산 정점에 꽂힐
오직 단 한 개의 화살
항상 겨냥되어 있다.

일상 행간에
내 뱉어 논
나의 한 개 낱말도
인생의 어느 막장에
내통되어 있을 거다.

지금 내 시야에 든
저 소나무 한 그루
누구와 단 한 번의
기쁜 만남을 위해
서 있을 터.

모두 다 피고 지는
꽃이다.

3. 가장 아름다운 무덤

이 세상은 아름다운 무덤들이 참 많다. 지상의 왕궁 같은 육체의 무덤이 아니라 빛나는 창조적 작품의 빛나는 무덤들. 사람의 무덤은 창조적 정신 무덤이 진짜다. 영원하고 가장 아름다운 무덤, 그래서 시인은 시가 자기 무덤이다. 화가는 그림이 자기 무덤이고 농부의 무덤은 성공한 농사가 무덤이다. 교수는 창조적 학문이 무덤이다. 모두 일생을 진리에 바친 아름다운 창조의 무덤들이다.

그래서 시인은 빛나는 자기 시의 무덤에 영원히 들고 싶어 한다. 비록 단 한 편의 시라도 왕궁처럼 그 안에 묻히고 싶어 한다.

우연의 진실

언덕에서 구르는 돌멩이에
고양이가 다리를 다쳤다

전봇대가 넘어지면서 지나던 차를
덮쳤다.

"한 송이 국화꽃을 피우기 위해 봄부터 소쩍새는 그렇게 울었나보다"
라고 한 서정주 시로 보면
돌멩이는 고양이를 다치기 위해

언덕에 있었고
전봇대는 자동차를 덮치기 위해
서 있었다.
시는 언제나 우연의 진실인가

나는 왜 이런 대답 못 할 시 쓰기를
못 버리는 가

4. 시의 자궁

시인은 시라는 꽃 즉 시의 자궁을 통해서 삶의 참된 진실을 생산하고자 하는 자다. 시인은 이런 삶을 가장 바르게 사는 삶이라고 완전히 믿고 있는 자다. 그래서 고단한 순교자처럼 이를 끝없이 실행한다. 시를 순수한 아트 즉 미적 언어의 구성기술로 보고자 하는 주의 주장이 있으나 이 역시 시의 어느 한 측면일 뿐이다. 시의 독립성 옹호라는 면에서 언어 그 자체의 예술성을 강조한 것이다. 그러나 시의 자궁은 곧 언어의 자궁이기 때문에 언어의 기술적 조사에서 오는 직유성, 은유성, 상징성으로 해서 의미를 무궁하게 산출한다. 시의 자궁은 어떤 가치 관념의 신적 기능을 한다고도 할 수 있다. 그래서 시의 자궁은 단순한 미의 산출보다 삶의 진실을 생산하고 생명의 구경적 경외를 산출한다. 천문적 시론의 주의 주장이라면 절대 천궁이라고 과장할 수도 있다. 언어 예술은 아무리 잠언적 어의를 피하려 해도 언어가 가진 숙명적 아포리즘을 벗어날 수가 없다.

오늘의 포스트모더니즘 미학들이 다 산업미학의 공학적 산물이라는 것을 안다면 문학의 휴머니즘이 자본주의 피해에서 인간성을 옹호기 위한 인본주의로 발생한 점을 상기해야 할 것이다. 시는 역시 시대의 다성적 언지이고 시대 의식의 자궁이기도 하다.

뻐꾹새 노래

뻐꾹새 노래에
앞산이 덮은 밤 이불을 걷는다,
나뭇잎들, 풀벌레들,
앞산 동네는 잠에서 깨어난다.

뻐꾹새 노래에 불려 와
여명의 빛도 동을 튼다.

아름다운 소리와 빛은
본래 하나지.

화평한 잠 깸이
본래
세상이었다라고
나도 앞산 동네에 대고

야호하고 고함을 친다.

오랜만에 가장 진실한 대화를
시원히 나눈 아침이다.

5. 언어의 새 길 내기

한 편의 시도 언어의 새 길 내기다. 영원히 밟아도 좋은 아름다운 길 내기. 어의를 세우고 주술을 잡고 조사와 음색과 톤까지도 잘 조사措辭여 새 세상을 발화하는 길 내기다. 그래서 인생의 대로를 연다. 말로 길 낼 곳은 무한으로 많다. 도로 길을 내는 것보다 더 중요한 지혜의 길 내기이다. 시로 진실의 새 길을 삶 속에 내놓고 행복하게 살고 싶다.

어느 반환점

내 산책길 끝 반환점에는
믿음직한 소나무
한 그루가 서서
나를 되돌려 보낸다.

제 큰 둥치로 밤새 앓은

내 고뇌를 툭툭 등쳐 날려주고
산이 안기듯 가슴에 가득 안기어
투박한 제 껍질처럼 세상을
원망치 말라 어깨 다독인다.

풍우를 견디며 한 백 년쯤은
견뎠을 소나무, 다시 몇백 년도
이 세상 믿어 의연할 것 같다.

6. 시의 액자성

천문 1
–강아지는 어디에 있는 가

파란 철대 문 앞 강아지 집.
목에 쇠줄 고리를 찬 강아지.
들고나는 주인 내외에게
꼬리를 치며 집을 지킨다.

눈치껏 강아지 먹이를 노리는
까치, 참새, 둘이
지붕 위에서 내려 보고 있다.

큰 길을 따라 나간
골목길.

손바닥만 한 채소밭이
활짝 펼쳐 쥔
강아지의 하늘

강아지는 지금
어디에 실존하는가.
이미 쓰여 져 있는
천문 속 한 개 단어인 가.

강아지는 이따금씩
고개를 하늘로 들어
멍멍 짖는다.
큰 길을 따라간 골목길이
아직 어디에도 도착 못 했을 터.
어디에도 없는
멍멍이를 부르는가

이 시는 내 집 4층에서 내려다보는, 단층 옆집 철대 문 앞에 늘 강아지 한 마리가 쇠고리를 차고 집을 지키는 풍경이다. 여기서 매우 중요한 관점은 내가 높은 데서 내려다보며 훔쳐보고 있다는 시점 문제이다. 아무리 하찮은 강아지라도 몰래 보며 그 행동과 처지를 보고 있는 일은 그 시점의 사물화(소유화)로 하여 흥미와 함께 존재의 무거움과 실재의 객관성을 볼 수가 있다, 다시 말하면 그가 무엇을 얻고 무엇을 잃고 있는지를 훔쳐보는 객관적인 시적 거리를 유지할 수가 있다는 것이다, 강아지는 지금 제 먹이를 얻는 대가로 쇠고리를 차고 주인의 명령대로 집을 지키고 있는 것을 자각 못 하고, 그래서 주인에게 속고 있다. 즉 강아지는 제 목의 쇠고리를 구속인 줄 모른다. 사실 우리들도 운명의 속임수에 속고 살지만 자각을 못 하는 것과 같다. 삶에는 무지의 생존 법칙이 있다.

나의 아내는 자기의 그 '아내'(남편에 대한 의무를 요구하는 말)란 말이 나의 쇠고리인 것을 모른다. 아내 역시 그 말에 속고 있다

이런 경우 내가 아내 몰래 시적 거리에서 훔쳐보고 있으니 나는 참 흥미롭고 신기하기까지 하다. 4층 창 안에서 매일 강아지를 훔쳐보며 내려다보듯 나는 아내를 보는 것이다. 그 결과 남편인 나는 역시 아내의 쇠고리임을 깨닫고 스스로 기가 찬다. 인생은 서로가 쇠고리에 걸려있는 것이다. 결국 나도 나 스스로를 훔쳐보게 된 것이다. 훔쳐보기의 심리적 기재에 유의하시기 바란다. 이런 짓이 명색이 시인이라는 자들의 고상한 시점이라니 아이러니하기도 하다.

인간의 많은 언어는 상당히 쇠고리들이다. 무엇인가를 의무적으로 요구하는 언어거나, 당위를 주장하는 언어들이 인간을 지배하는 중심 언어들이 때문이다. 대표적 큰 예가 삼강오륜과 같은 윤리일 거다. (이 큰 굴레가 그런 것들의 표본이다,) 아들, 아버지, 선생, 제자

친구 등등 다 쇠고리 언어들이다. 강아지라는 말 자체가 이미 인간이 강아지 목에 건 쇠고리 언어이다. 한편 강아지는 지붕 위의 까치, 참새들과 먹이를 두고 경쟁의 고리에 걸려 있다. 그렇지만 강아지는 작은 채소밭이 싹 쉬고 있는 넉넉으로 그 비좁은 공간의 집에서도 강아지는 하늘(강아지하늘)을 누릴 수가 있다. 희망이나 자유라는 고리이다. 거기다가 골목길이 큰 길을 자주 따라 나갔다 되돌아온다. 비록 어디엔가 도착할 곳을 찾지 못했지만 탈출의 길 찾기, 새길 내기 본능의 고리이다. 요약하면 강아지는 묶임과 풀림 즉 구속과 자유라는 아이러니 속에 있다. (이런 모순은 모든 생명체의 본질이다. 천지 질서이다.)

그런데 문제는 하늘이 나보다 훨씬 높은 곳에서 (내가 강아지에게 그랬던 것처럼)나를 훔쳐보고 있다는 사실이다. 나도 속절없이 강아지 신세가 된다. 내가 현재 있는 내 집의 모든 풍경, 즉 각종 무슨 정원수 같은 것들, 건물, 마당, 그리고 내 행동들 등등은 하늘이 재미있게 훔쳐보고 즐길 거리들일 것이며 하늘이 어떤, 의미 있는 나, 전 문수에 대한 우습고 어리석은 아이러니를 한 편 문장으로 만들고 있을 것이다. 내가 하늘의 사물화(소유)가 된 것이다. 강아지가, 나라는 인간의 인문으로 그 존재 실재를 쓴 시 문장 속 한 단어가 되어 있듯이 말이다. 모든 존재는 하늘이 소유하고 우리 몰래 써 놓은 문장 속의 한 개 형상물이라고 본다면 흥미롭지 않은가. 모든 존재의 형상과 구조는 어떤 한 개 의미로도 규정지을 수 없는, 실존적 현존재이다. 하느님이라는 절대성(즉 자연의 법칙, 천지의 이치, 어떤 위대한 지혜)에 대한 의존과 근거 설정은 그래서 한 시론의 논리가 기댈 언덕이 된다.

이렇게 나보다 높은 큰 절대성과의 인연을 연계 고리로 하여 시 작업의 방향을 잡은 것이 이 시의 시세계라고 펼치는 이 시 감상의 핵심이다. 물론 이것도 큰 시각에서는 나 역시 속고 있을지도 모른다. 아마 하느님의 훔쳐보는 눈에는 내가 하는 이런 생각들이 어리석음과 무지에 속고 있다고 생각된다. 그리하여 감히 나의 천문시론天文詩論이란 것도 나의 무지의 어리석음이 만든 헛소리가 될 수도 있을 것이다.

어쨌든 《천문》이라는 시집 표제의(액자성) 집 안에 강아지 풍경과 같은 여러 시들을 가두어 놓은 것이 이 필자의 천문 시집이다. 여러분이 지금 펴고 있는 한 개 시적 형상 문장이 '천문' 이라는 제목 아래에 인쇄되어 있다. 이건 모든 존재들이 하늘의 액자 중 하나라는 뜻으로 해석해도 좋다.

미술가나 서예가가 출품을 할 때 액자나 족자를 만든다. 액자나 족자는 그 의미가 매우 크다, 즉, 실제 현실의 연속 세계를 끊어서 그 연속 세계의 표본이 되는 한 특수성을 보여 준다는 뜻이고 또 실제로 그 기능을 감당한다. 그래서 모든 예술 작품은 액자 속에 반드시 들어가야만 한다. 이것이 일상적 현실과 격리시키는 예술의 훔쳐보기식 미적 거리 기능이다, 즉 미적 시점의 개관적 거리이며 특수성이다. 내가 강아지를 훔쳐보는 그것이 바로 액자성이다, 어떤 '그것만 따로 떼어 놓고 그 특수성을 보자' 는 것이 예술기능이기 때문이다.

그래서 예술은 도구성과 실용성을 벗어나 흥미롭게 즐기는 것이다. 그런데 그것은 냉정한 비판 기능이기도 하다. 그 액자 안엔 여러 소재들이 무한히 의미를 산출하도록 구조화되어 있어서 서로 엉켜 즐겁고 무게 있는 생명현상을 뿜어내고 있다.

하얀 시

— 아침의 언표

어젯밤
한 단어도 못 넣고
두고 잔
빈 원고지.

밤새도록
저 혼자 시를 쓰다
방금 잠든
내 베갯머리의 연필.

아,
한 단어만
잘못 놓았다간
위험해질 뻔한
밝고 맑은
새 아침.

잘못 된
어제 일들
고치고 지우고
지우고 고쳐서
완성한 아침.

새하얀 시여!

어느 날 아내가 자기 하얀 서예 족자를 출품 전에 보여 주었는데, 나는 혼자 속으로 그 먹 글씨를 깨끗이 지우고, 맨 위에 〈하얀 시〉라고 제목을 쓰고 밑줄에 내 이름을 쓴 다음, 족자 중앙은 하얗게 텅 비워 두고 맨 끝에 '아침' 이라고 단 한 단어만 넣어 놓으면 시 한 편, 시화 하나가 되겠다고 혼자 내 생각을 훔쳐보고 있었다. 그때 나는 아침이란 시를 못 써서 안달이 났을 때였다. 그 하얀 시 족자 속 아침은 실제 자연의 연속세계를 한 폭 잘라서 족자 안으로 영원히 가두어 그 의미를 두고두고 우려먹는 예술품을 만드는 것이었다. 왜냐하면 아침은 하늘이 써 놓은 말로 표현할 수 없는 신비의 형상 문장이라 보았기 때문이다.

사실 밤은 그 본질이 모든 것을 지워버리는 기능이다. 우리 몸은 아무리 맛있는 것도 먹고 나면 다 소화해서 오물로 버린다. 어제 일이란 어떤 기쁨이나 슬픔도 이미 먹어버린 음식이다. 밤이 다 소화시켜 오물로 버린다. 이것이 밤의 소화기능 내지 지우기 기능이다. 이것이 자연의 법칙이라 나는 생각한다. 잠이 깬 순간의 밝고 맑은 아침은 지난밤이 모든 것을 깨끗이 지워놓은 덕이다. 하늘이 하얀 시를 만들어 놓은 것이 아침이라고 생각하는 것이다.

나는 하느님이 쓴 것을 인간의 인문으로 좀 자세히 해독해서 읽어 내 본 것뿐이다. 사실 시인은 혹 독자가 못 알아볼까 싶어 지끄 풀이를 늘이놓는 버릇이 있다. 이럴 경우, 심하면 군더더기가 되어 함축성을 잃어 상상의 의미 폭을 좁혀 놓는 잘못을 자주 저지른다. 그래서 시는 긴장의 함축미를 구경적 언어로 조사하는 것이다. 이런 긴장과 함축 기법이 때로는 악용되어, 시작 초보자는 미처 덜 익은 생각을 저도 모르는 현학적 언어를 끌어 모아 얼버무려서 사기 치는 시를 쓰기도 한다. 무슨 소리인지 통 알아먹을 수 없는 시는 거반이 사기시라고 보면 된다.

모든 사물들은 다 자기의 언표 즉 자기 언어, 자기 문장을 갖고 있다. 이미 이 세상은 하느님이 다 써놓은 문장이다. 시인은 시를 짓는 자가 아니라 시를 발견하는 자이다. 다만 하느님은 매우 값나가는, 즉 깊은 뜻과 높은 품격의 인식들은 시인의 미학적 능력이나 시의 본질을 잘 이해하는 자에게만 발견되도록 숨겨 두었을 뿐이다. 노력하는 자만이 좋은 시를 발견하도록 되어 있다. 산은 산의 언표가 있고 별에겐 별의 언표가 있는 등등.

모든 자연 형상은 다 존재의 언어와 말들이다. 이런 말들의 뜻을 시인은 해독할 능력이 있어야 한다. 이런 입장의 제 시론이 자주 거론하는 필자의 천문시론이다. 바로 《천문》 시집 천문시론의 시론試論이 그런 취지였다. 이런 시론에 의거해서 시를 모아 놓은 시집이라고 해서 '테마 시집' 이라 이름도 갖게 되었는데, 즉 주제가 있는 시집을 마련하고 싶었던 것이다.

그래서 이 〈하얀시〉는 존재의 해독력이라 본다. 그러나 시적 형상력 면에서는 여간 난제가 아니었다.

왜냐하면 시는 향상을 통한 비유적, 상징적 전달이란 미학 형식을 가져야 하기 때문이다. 즉 이는 의미의 다원성과 전달 효과의 극대화를 노리는 것이기도 하다. 밤새 시를 못 쓴 빈 원고지와 연필의 소재 동원은 바로 이 형상화 작업을 위해서였다. 만일 한 자라도 잘못 개칠을 한다면 깨끗한 아침은 못 올 것이다.

7. 결론
— 천문의 시 검색창

결론하면 나의 시는 시작詩作 포털사이트, 천문 검색창을 통해 이루진다. 천문 검색창에 시의 표제가 될 주제나 제재를 검색어로 정하고 입력시키면 검색결과를 응답 받는다. 즉 내 천문적 삶의 윤리, 천문적 미학 등의 상상력 아이콘을 클릭하는 것이다. 이런 일련의 과정을 거쳐서 한 편의 시를 이루어 간다.

마치 하늘에 대고 〈구름〉이란 검색어를 입력시키는 것과 같은 방식이다. 이때 하늘이 구름에 대한 시적 주제와 천문성을 응답해주면 비로소 시작을 실현시키는 것이다.

이런 신비성을 즐기고 싶은 것이 요즘의 나의 시 쓰기의 이념이고 천문 시론의 핵심 주제이다.

남강 유등축제

정목일

1975년 《월간문학》 당선, 1976년 《현대문학》 수필 천료
수필집 《모래밭에 쓴 수필》《맛 멋 흥 한국에 취하다》 외

진주엔 이 세상에서 가장 아름다운 강이 흐르고, 그 강물의 영혼을 밝히기 위해 해마다 유등을 띄운다. 남강에 오면 끓어오르는 눈물과 사무치는 그리움을 억제할 수 없다. 강은 땅의 젖줄이 되고 문화를 배태한 어머니의 모습이겠으나, 진주 남강은 그런 강만이 아니다. 민족의 가슴속으로 흐르는 애국 혼의 동맥이다.

남강 유등놀이는 1592년 시월 충무공 김시민金時敏 장군이 3천 8백여 명에 지나지 않은 적은 병력으로 진주성을 침공한 2만여 왜군을 크게 무찔러 민족의 자존을 드높인 '진주대첩'을 거둘 때, 성 밖의 의병義兵과 지원군과의 군사 신호로 등불을 강물에 띄운 데서 유래되었다고 한다. 1593년 유월 12만의 왜군들이 다시 침공하여 진주성이 함락되었다. 의롭게 순절한 7만 병사를 비롯한 시민의 넋을 기리기 위해 남강에 유등을 띄웠다. 그 이후 유등놀이는 가정의 소망을

빌고 겨레의 안녕을 기원하는 행사로 전해져 내려왔다.

꽃다운 나이로 적장을 가슴에 안고 강물에 몸을 던진 논개의 넋을 본다. 적장을 두 손으로 옥죄었던 가락지의 힘을 느낀다. 어찌 논개뿐이랴. 진주 남강 앞에 서면 죽음을 두려워하지 않고 목숨을 버린 7만 순국선열들의 넋들이 흐르고 있다. 아무도 적 앞에 비겁하지 않았고, 죽음을 두려워하지 않았다.

진주는 해마다 시월이면 유등 축제를 올린다. 7만 전몰자들의 넋을 기리고 추모하기 위해 강물을 밝히는 것이다. 꽃등 안에 촛불을 켜고, 역사를 밝히고 강물의 영혼을 밝힌다.

촛불은 타오르며 가신 임들의 넋을 부르고, 7만의 순국 혼들은 깨어나 환한 미소로써 응답하는 유등축제! 어찌 단순한 놀이라 할 것인가. 강물에 바치는 민족의 꽃이요, 마음의 기도가 아니랴. 겨레의 마음을 모아 바치는 지극 정성의 시詩요, 노래이다.

남강 유등 축제는 유등만의 아름다움으로 눈부신 게 아니다. 시간과 공간을 초월하여 역사를 재현하는 의식이어서 거룩하다. 유등들이 강을 밝히고, 세계 곳곳의 유등들이 가신 임들의 넋을 위로한다.

남강 유등을 보면 아름다운 강이어서 눈물이 북받쳐 오르고, 아픈 역사 때문에 피가 끓어오른다. 세상에서 제일 비참하고 슬펐던 강물은 이제 가장 화려하고 눈부신 강물이 되어 흐른다.

전쟁과 피비린내가 아닌, 평화와 번영의 축등으로 흐른다. 강과 역사와 유등이 만나 영원의 미美가 되는 모습이 남강 유등 축제이다.

이 세상에 남강만이 보일 수 있는 영원의 말, 생사를 초월하는 언어가 숨 쉬는 시공간의 장場이 유등 축제이다.

유등 축제를 보려거든 영원의 강, 역사의 강인 남강의 영혼부터 만나야 한다. 가장 아름다운 모습을 보려거든 가장 비통한 영혼을 보아야 한다. 영원한 사랑을 깨닫기 위해서는 목숨을 강물에 던져버린 이들의 넋을 보아야 한다.

강물은 어디서 흘러오는 것인가. 남강의 시원은 백두대간의 대미大尾를 장식하는 지리산이다. 상류엔 진양호가 조성되고 다목적댐이 있다. 진양호 전망대에 올라가면 지리산 만년 명상과 만날 수 있다. 침묵 속에 드러나는 지리산 연봉들의 표정들을 바라볼 수 있다. 푸른 하늘 아래 초록빛 호수 위로 여덟 겹인가, 아홉 겹인가 첩첩한 지리산 능선들이 기러기 떼들처럼 날개를 저으며 다가오는 듯하다. 신비가 깃든 태고의 모습을 대하는 순간이다. 사방을 둘러보아도 산 능선들이 에워싸고 있다. 지리산 청계수들이 흐르다 잠시 모여 휴식을 취하는 곳이 진양호이다. 웅대, 화려, 섬세한 자연미自然美가 아니라, 고요하고 인자한 품성이 넘치며 깊고 부드러운 산수미山水美의 절경을 보여준다. 지리산 만년 고요와 신비가 만나 강물을 이룬 곳이다.

남강 유등을 보는 것은 그냥 화려한 불빛만을 보는 게 아니다. 지리산의 연봉과 그 계곡에서 흘러내리는 강물의 모습을 보는 일이다. 그 강물이 역사 속에 어떻게 깊어졌는지를 보는 일이다.

남강에 와서 강물에 바치는 유등을 본다. 영원의 얼굴을 보며 하나의 촛불을 켜본다. 아름다움과 생명이란 일시적으로 흐르고 말면 자취조차 보이지 않을 뿐인데도, 남강에 오면 해마다 촛불을 켜고 다가오는 영원의 모습이 있다.

진주 남강이 거룩하고 아름다운 건 유등 때문이 아니다. 그것은 대중들의 식지 않는 마음의 꽃 때문이다. 유등은 남강의 역사와 문화의 꽃들일 것이다. 이 꽃들은 시들지 않고, 대대손손 불 밝히며 강을 밝히고 역사를 밝힐 것이다. 민족의 마음을 밝혀줄 것이다.

정영선

1991년《교단문학》, 1992년《문학세계》등단
수필집《시간여행》

진주 남강 강변길을 걸으며

남강을 따라 걷습니다. 수르릉 수르릉 흐르는 물소리가 시원합니다. 오늘도 걸어보는 이 길은 진양호에서 물길을 따라 금산교까지 이어지는 강변길의 한 부분입니다.

진양호 아랫마을에 있는 우리 집에서 큰길을 하나 건너면 새로 들어선 아파트 단지가 늘어서 있습니다. 고급 아파트가 많이 생기면서 동네는 물론이고 강변길 산책로가 더욱 시원하게 정비되었습니다. 8차선 차도 옆으로 벚나무 가로수 둑길이 이어지고, 화려한 벚꽃나무 가로수 둑길을 내려서면 남강 둔치에 자전거 도로가 나있습니다. 그 아래쪽으로 남강을 따라 산책로가 실처럼 이어져 있습니다. 하루 일과를 마치고 저녁 설거지까지 하고 난 뒤 강바람을 쐬면서 걷고 있노라면 마음마저 홀가분해지는 느낌입니다.

햇살 부드러운 오후에 강변길에 나서면 바이크 족들이 눈에 들어

옵니다. 날렵한 자전거에 완벽하게 헬멧까지 갖추고 자전거 도로를 신나게 달리는 사람들을 보면, 꿈길에서라도 자전거를 타보고 싶습니다. 예쁜 자전거를 타고 등을 조금 구부려서 바람의 저항을 줄이며 가볍게 강변을 달려보고 싶어집니다.

강물의 흐름을 따라 아래쪽으로 내려가면 강 이편과 강 저편을 이어주는 몇 개의 다리를 만납니다. 진양호 쪽에서부터 통영 대전 간 고가도로가 남강을 가로지르고, 좀 더 내려가면 평거동에서 가호동을 이어주는 희망교가 있습니다. 그리고 좀 더 내려가면 신안동과 망경동을 이어주는 천수교, 본성동과 강남동을 연결해주는 진주교, 칠암동과 도동을 이어주는 진양교가 있고, 초장동과 금산을 이어주는 금산교가 있습니다. 내가 자주 걷는 길은, 남강의 상류 쪽 진양호 아래에서부터 희망교 근처까지입니다.

진주시에서 '진주의 걷고 싶은 길 10곳' 을 선정해서 발표한 적이 있습니다. 반갑게도 제1번 코스가 강변길입니다. 진주에 사는 사람이면 누구나 이 길을 좋아하고 아낄 것입니다. 진주는 남강을 따라 형성된 도시여서 접근성이 좋고, 잘 정비되어 있어서 어른 아이 할 것 없이 누구나 걷기 좋습니다. 강둑 아래쪽 길이어서 자동차 소리나 매연도 멀리할 수 있고, 무엇보다 강을 끼고 있어 툭 트인 느낌이 시원합니다.

내가 걷는 길은 주로 밤 산책길입니다. 낮 시간에는 여유가 없기도 하지만, 간혹 시간이 있다 해도 입은 옷에 운동화만 신으며 그만인 밤 시간이 더 편합니다. 밤이면 강변로에 일정한 간격으로 가로등이 켜져 있고, 운동하는 사람도 많아 혼자 걸어도 무섭지 않아서 좋습니다.

따뜻한 날에는 외손녀 서우를 데리고 강변길을 걷기도 합니다. 아직 세 돌도 안 지났지만 길 위에 내려놓기만 하면 서툰 걸음으로 뛰기부터 하는 아이입니다. 엎어질세라 따라다니나 보면 숨이 가쁘기도 하지만, 어느새 자라서 뛰어다니는 모습이 귀엽기만 합니다. 밤길 가로등 아래를 지나갈 때면 제 그림자에 신기해하며 허리를 굽혀 보기도 하고, 움직이는 그림자를 잡으려고 손을 뻗쳐보다가 소리 내어 웃기도 합니다. 서우와 함께 산책하는 날에는 물소리도 경쾌하고 올려다보는 초승달도 방긋방긋 웃으며 따라오는 듯합니다.

그래도 가장 많이 같이 걷는 사람은 남편입니다. 남편과 다툰 뒤 조금 풀릴 즈음이면 어김없이 함께 강변길을 나섭니다. 처음에는 말없이 걷다가도 시원한 강바람과 소곤대는 강물 소리와 어슴푸레한 가로등 불빛에 젖으면, 어느새 마음 문이 열리고 맙니다. 약간 어둑한 길을 숨소리 서로 느껴가며 발맞춰 걷다보면 마음속에 갇혀 있던 이야기들이 봄 강물이 풀리듯이 풀려나옵니다. 아이들 때문에 걱정되는 문제, 집안의 자질구레한 일들, 건강과 직장생활의 문제, 나아가 퇴직 후의 생활 설계에 이르기까지 허심탄회하게 속내를 털어놓아도 엿듣는 이가 없어 좋습니다. 내 마음을 다 알아주고 이해해주는 오랜 친구 같은 남편이 있어 의지가 되고, 산책길에서 돌아올 때쯤이면 꼬였던 마음도, 걱정거리도 어느새 흐르는 물에 흘려보내 버렸다는 것을 알게 됩니다. 흘러가는 강물은 다시 돌아오지 않는 것처럼 부부가 함께 나눌 수 있는 근심거리도 잠깐일 것 같아, 이 모든 시간들이 소중하게 느껴집니다.

운동 삼아 혼자 강변길을 걸을 때면 이런저런 생각을 해봅니다. 어릴 적부터 강을 따라 살아온 인생이 이렇게 쉼 없이 흘러서 어디로 갈까? 한번 흘러간 강물은 다시 돌아오지 않는 것처럼 시간도 사람과의 관계도 허둥지둥 지나가고 마는 것이 아닐까? 산다는 것이 강물처럼 흘러서 어느새 삶의 끝자리에 서게 되는 것은 아닐까?

이 강물이 흘러서 목마른 이의 갈증을 해소해주기도 하고 메마른 나무에 생명수가 되듯이, 달리듯이 흘러가는 나의 삶도 누군가의 해갈이 되었으면 좋겠다는 생각을 해봅니다. 하루 일과를 끝내고 난 뒤 가벼운 차림으로 강변길에 나서듯, 이 세상 떠날 때도 가벼운 마음으로 떠날 수 있기를 기도해 봅니다.

강 저편 어둑어둑한 가운데 부드러운 곡선을 드러내고 있는 바위 언덕이 신비롭게 보입니다. 보잘것없는 내가 그림같이 아름다운 강변길에서 걸으며 생각하고 느낄 수 있다는 사실이 고맙기만 합니다.

조은길
1998년 중앙일보 신춘문예 시 당선
시집《노을이 흐르는 강》

봄 천주산

내가 사는 마을의 등 뒤엔 천주산이 있다. 마을에서 바라보면 몸집이 넉넉한 여인이 아기를 안고 있는 것 같은 형상을 하고 있는 천주산은 진달래군락지로 전국적으로 꽤 명성이 높은 산이다. 천주산 정상지점에 있는 천주봉天柱峯은 이름 그대로 하늘을 받치는 기둥이라는 뜻인데 그곳에서 바라보면 마산 앞바다는 물론 창원의 끝자락인 주남저수지까지 훤히 다 보일 정도로 전망이 좋다. 산세 또한 모가 없어 진달래꽃이 필 즈음이면 어른 아이 할 것 없이 몰려드는 구경꾼들로 산허리가 휠 지경이다.

“진달래꽃은 작부 집 딸내미 같다. 어미의 입술연지를 훔쳐 바르고 봄바람에 암내를 흘리며 싸돌아다니는 작부 집 어린 딸내미.”

위의 메모는 이 글을 쓰기 위해 나의 메모노트를 뒤적이다 찾아낸 진달래꽃에 대한 단상이다. 이처럼 나는 진달래꽃을 별로 좋아하지 않았다. 어릴 적부터 너무나 흔하게 보아온 꽃인데다 보랏빛도 아니고 분홍빛도 아닌 어중간한 꽃빛깔이며 어수선하고 빈약한 가지하며 주위 초목들과의 일말의 조화도 꾀하지 못한 듯 알몸이 돌올한 꽃핌도 마음이 가지 않았다. 때문에 산을 좋아해서 천주산이 안고 있는 아기격인 뒷동산을 매일 들락거리다시피 하면서도 걸어서 1시간 남짓이면 닿을 수 있는 천주산 천주봉의 진달래꽃무늬융단을 펼쳐놓은 듯 그 많은 진달래꽃을 오래도록 모른 채 지낼 수 있었던 것이리라.

진달래꽃에 대한 나의 단상을 다시 쓰게 해주겠다는 진달래꽃 마니아인 지인을 따라간 봄 천주산 천주봉, 작고 힘없는 것들끼리 무리지어 살아가게 한 것은 약자에 대한 조물주의 배려인가? 빈약하고 어수선한 진달래꽃가지를 서로 가려주고 지켜주려는 듯 보라와 분홍의 경계에서 뿜어져 나오는 무수히 많은 진달래꽃송이들, 봄바람이 봄 태양을 머금고 다가오면 춤으로 화답하려는 듯 촘촘히 흔들리는 꽃잎들의 자태는 눈이 부시다 못해 묘한 신비감마저 감돌았다. 그것이 아쟁 소리 같은 작박구리 울음소리와 어우러지니 천주산이 직박구리 장단에 얼쑤얼쑤 진달래꽃화관무를 추고 있는 것 같아 저절로 어깨가 들썩여지기까지 했다. 나는 그날 진달래꽃에 대한 단상을 완전히 새로 쓰지 않을 수 없었다. 그중에서도 어색하고 촌스럽기까지 하다고 느꼈던 진달래꽃빛깔에 대한 반전은 눈을 의심하게 하는 충격이었다.

태양의 속옷이 있다면 저런 빛깔일 것이라 생각했다. 그렇다 저건 태양의 속옷이다. 추위와 외로움을 견디다 못한 겨울 천주산이 천주봉을 타고 올라가 태양의 속옷 한 자락을 훔쳐 왔으리라. 직박구리 장단에 멋들어진 화관무 한 판을 꿈꾸며 석 달 열흘 추위도 외로움도 잊은 채 진달래꽃 화관을 접었을 것이다. 외로움을 접었을 것이다. 오오 저토록 많은 이여쁜 외로움이라니.

훔친다는 어감이 거슬려서 '태양이 추위에 오들오들 떨고 있는 천주산이 가여워서 천주봉을 타고 내려와 속옷을 벗어주고 갔다.' 로 바꾸려다 그대로 뒀다. 왜냐하면 태양도 스스로를 위해 사는 자연이니 이타심 같은 것이 있을 리 없고 생래적으로 추위를 모르니 추위에 시달리는 천주산의 고통을 짐작조차 못할 것이기 때문이다.

모든 존재들은 제 운명과 불화하며 나아간다는 인식이 들고부터 산은 온몸에 젖꼭지가 있는 자식 많은 어미이거나 한자리에서 천년만년 혼자 사는 그 무엇일 뿐이었다. 눈앞의 바다도 한 번 못 가본 채 천년만년 혼자 사는 산, 산 같은 당신 그리고 나

다시 4월이 왔다. 4월 천주산을 생각하면 얼쑤얼쑤 어깨가 들썩여진다. 코끝이 찡해 온다.

차상주

2001년 《문예한국》 등단
수필집 《농악은 봄바람을 타고》 외

꼭꼭 숨어 있는 바다

진해를 찾을 때는 화사한 벚꽃이 흩날리는 봄도 좋지만, 다른 계절에 와도 소소한 볼거리가 많습니다. 여름이면 연륙교를 지나 해양공원에 가보는 것도 좋고요, 가을에는 코르덴바지 같은 벚꽃 단풍을 보아도 마음이 고요해질 것입니다. 또한 겨울에는 전어나 숭어회를 맛볼 수가 있고, 남쪽이라 갯바람도 그리 차지 않습니다.

그리고 이들 알려진 것 말고 꼭 권하고 싶은 것이 있다면 자장자장 고요한 바다입니다. 진해는 벚꽃의 도시 이전 옛날 옛적부터 바다의 고장이었지요.

이곳 진해는 고개를 다소곳이 숙이고 돌아앉아 있는 신부처럼 좀처럼 얼굴을 내놓지 않습니다. 시내로 들어오는 주관문인 장복터널을 지나도 유부초밥같이 엎드린 작은 집들과 그 너머 호수처럼 잔잔한 바다만 보일 뿐, 내리막길을 돌고 돌아 한참을 내려가야 시가지가 모습을 드러냅니다. 그나마 바다는 시가지를 벗어나 야트막한 산의 샛길을 지나서야, 속천 바다가 길손을 반기듯 일렁입니다.

장복터널만 넘으면 온통 벚꽃세상이어서 그런지 관광객도 벚꽃만 찾고 벚꽃을 노래한 시인도 많지만, 진해鎭海는 그 지명에도 바다가 들어 있듯이 애당초부터 육지보다 바다를 더 사랑하며 산 고장이었습니다.

일제가 1900년대 초에 이곳에 군항을 만들며 그들이 좋아하는 벚꽃을 심기 시작하면서 벚꽃의 도시가 된 것이지, 경화동, 석동, 장천 등의 토착민과 일본에서 돌아온 귀환동포도 흩날리는 벚꽃보다는 바다를 더 좋아했습니다.

그때는 바다로 노를 저어 조금만 나가도 고기가 그물 가득 잡혔고, 갯가에는 바지락, 꼬막, 새조개 등이 지천으로 널렸었지요.

속천에서 해군사관학교 쪽으로 나있는 산자락의 도로를 걸어가 봅니다. 갯벌을 10여 미터나 매립한 그곳에는 꼬막, 새조개 등의 가공 공장이 들어섰고, 넓힌 도로 위로는 윤기 나는 자동차들이 씽씽 달리고 있습니다. 조선소도 확장되어 웬만큼 큰 철선도 수리가 가능해져 이제는 소비도시에서 생산도시로 탈바꿈되고 있구나 하는 생각이 듭니다. 격세지감이지요.

그런데 그 넓은 갯벌이 펼쳐진 옛날에도 만조에 때맞게 센 바람이 불어오기라도 하면 바닷물이 길 바로 아래에까지 올라와 찰랑거렸습니다. 그런데 지금은 지구 온난화로 폭풍과 태풍도 잦는데, 매축한 그곳에 바닷물이 넘치면 어떠할까를 생각하면 머리끝이 섭니다.

요 몇 년 전에 이곳을 휩쓸고 간 태풍 '매미'로도 바닷가에 살던 사람들은 혼쭐이 났었습니다.

우리가 어렸을 때만 해도 모래톱 맨 위에는 두세 사람이 간신히 지나갈 수 있는 소로가 나 있었습니다. 길가에는 방 두세 칸에 부엌만 달랑 달린, 어부들의 단조로운 목조가옥이 사이좋게 줄져 있었고, 작은 목선이나 발동선 등은 주인집 앞에서 뱃전을 두들겨 고기 잡느라 지친 어부들을 자장자장 잠들게 하였지요.

철도와 찻길이 나 있었지만 주로 군수물자의 운반에 치중하였기에, 민간인의 외부와의 소통은 주로 뱃길이었습니다.

그래서 여기에 오래도록 산 사람들은 바다를 더 가까이하고 자랑도 하지요. 어릴 때 우리는 심심하면 속천이나 행암 바닷가로 나가 검푸른 바다를 보며 저 멀리 태평양으로 넘나드는 꿈을 키웠습니다.

이곳 출신 정일근 시인은 진해 남중학교 교사 시절 이 아름다운 바다를 바라보며 지은 시 〈바다가 보이는 교실〉에서

> 참 맑아라.
> 겨우 제 이름밖에 쓸 줄 모르는
> 열이, 열이가 착하게 닦아 놓은
> 유리창 한 장
>
> 먼 해안선과 다정한 형제 섬
> 그냥 그대로 눈이 시린

가을 바다 한 장

열이의 착한 마음으로 그려 놓은
아아, 참으로 맑은 세상 저기 있으니.

라며 그림 같은 바다 한 장을 그렸었지요. 지금은 시에서 밝힌 다정한 형제섬도, 눈이 시린 바다도 없습니다. 작은댓섬을 육지와 연결시킨 그 자리에는 하수종말처리장, 야외공연장, 전시장 등이 바다를 깔고 대신 들어앉아 있습니다.

이렇게 조각난 바다일지라도 진해에 오면, 속천 해안도로에 있는 '진해루' 에라도 올라 반쪽 바다라도 한번 보고 가라고 권하고 싶습니다.

어쩌다가 마음이 울적할 때면 진해루에 나가 저 까마득한 지평선을 묵묵히 바라보고 섰노라면, 그간 무심히 지냈던 이웃이 보이고 토라져서 얼굴 붉히고 산 친구들도 떠오릅니다. 바다는 이렇게 욕심과 마음에 찌든 우리의 삶을 고맙게도 돌아보게 해줍니다.

이곳의 벚꽃구경도 좋지만, 물빛은 예전만 못해도 갯냄새는 여전한 바다를 바라보며 넓고 고운 마음을 배워 안고 돌아간다면 이보다 더 뜻있는 여행이 어디 있을까 싶습니다.

한수연 | 동화

1976년 한국일보 신춘문예 동화 당선, 1989년 경남신문 신춘문예 수필 당선
동화집 《할아버지 손은 약손》 외

이야기하는 칼

빨간 자동 연필깎이를 처음 본 날은 큰 구경거리라도 생긴 듯 교실이 떠들썩했다. 면장님의 막내딸 윤희가 가져온 자동 연필깎이로 나는 하루 종일 공부가 되지 않았다.

쉬는 시간에 윤희는 자동 기계로 연필을 깎아 주고 싶은 아이들의 이름을 불렀다. 나는 필통 속에서 몽당연필을 꺼내 이리저리 돌려보며 윤희 쪽을 자꾸만 바라보았다. 하지만 며칠째 칠 단 구구단을 못 외워 쩔쩔 매는 나를 윤희는 쳐다보지도 않았다.

자동 연필깎이 속에서 굴러 나온 연필은 우리들이 서툴게 깎은 것과는 비교가 되지 않았다. 고르게 매끈한데다가 연필심도 송곳 같았다. 구불구불한 연필밥도 마냥 신기해서 아이들은 그것이 무슨 보물이라도 되는 듯 필통 속에 소중히 담아갔다.

공부를 다 마치고 윤희가 내 구구단 검사 선생이 되었다.

우리 선생님은 구구단을 다 못 외는 여자아이는 반장인 창수에게, 남자아이는 부반장인 윤희에게 검사를 맞게 했다. 내 구구단이 칠 단을 넘어가지 못한 지 벌써 3일째다. 나는 번번이 칠사 이십사에 걸려서 넘어지곤 했다.

"칠사 이십사…."

"또 칠사 이십사래, 다시 해! 칠사 이십팔, 열 번!"

나는 윤희의 눈을 보지 않으려고 두 눈을 꼭 감았다. 웬일인지 윤희의 그 초롱초롱한 눈과 마주치기만 하면 나도 모르게 칠사 이십사가 튀어나왔다.

시키는 대로 열 번을 다 외고 나자 윤희는 내 필통을 끌어당기더니 연필심이 뭉뚝해진 연필 몇 자루를 꺼냈다. 나는 일부러 자동 깎기에는 관심이 없는 척 딴 곳을 바라보았다.

나는 연필 하나만은 누구보다도 깨끗하게 간수해 오고 있었다.

자동 연필깎이와는 비교할 수 없지만 공들여 깎여진 몽당연필까지 붓 뚜껑에 얌전히 끼워져 있었다.

"이거 누가 깎았어?"

"우리 득보 아재가…."

윤희는 망설임도 없이 내 연필심을 우두둑 꺾어 버리고는 자동 연필깎이 속에다 넣어 버렸다. 몽당연필들은 눈 깜짝할 사이에 뽐내듯이 내 앞에 모습을 드러냈다. 연필은 꼭 잘난 척하는 윤희의 모습이었다. 윤희는 연필깎이 속에서 나온 연필밥까지 내 필통에다 담아주었다.

'득보 아재가 이걸 보면 참 신기해 할 거야!'

나는 빨간 자동 연필깎이의 요술을 득보 아재에게 빨리 보이고 싶어서 칠사 이십팔을 스무 번이나 정신 차려 외우고 교실을 나왔다.

"너, 내일 또 칠사 이십사, 하기만 해봐!"

자동 연필깎이에서 나온 연필심처럼 뾰족한 윤희의 목소리가 내 등을 콕 찔렀다.

득보 아재는 내가 태어나기 훨씬 전부터 우리 집에서 살고 있었다.

할머니의 먼 친척으로 새어머니의 구박을 피해서 왔다고 했다.

득보 아재는 글을 모르는 까막눈이었다. 내가 입학하자 할아버지는 득보 아재에게 이렇게 일렀다.

"득보야, 영세가 1학년이니 너도 1학년이다 생각하고 이제부터라도 영세에게 글을 배워라. 영세가 학교에서 공부해온 것을 착실히 배우면 까막눈은 면할 것이다."

"예, 할아버지 말씀대로 하겠습니다."

대답은 이렇게 했지만 득보 아재는 공부에 별로 관심이 없었다.

몸을 이리저리 흔들며 소리 내어 읽기는 좋아하였으나 받아쓰기를 할 차례가 되면 꼭 잊어버린 일이 생각난다고 꾀를 부렸다.

"아참, 쇠여물 주는 걸 깜박했구만."

"어이구, 내 정신 좀 봐라. 절골 논에 새보러 가야하는디…."

받아쓰기를 할 때마다 소리 나는 대로 쓰는 득보 아재에게 내가 선생님처럼 굴어서 그랬는지도 몰랐다.

"이 바보! 이제부터 한 개 틀리는데 한 대씩이닷!"

나는 목소리까지도 선생님을 흉내 내어 득보 아재의 두툼한 손바닥을 싸리나무 회초리로 때렸다.

득보 아재는 날이 갈수록 꾀를 부리다가 어느 날부터는 회초리마저도 없애버렸다. 그래서 득보 아재를 상대로 벌이는 선생님 놀이를 그만둘 수밖에 없었다.

득보 아재는 지금까지도 받침이 홀랑 빠진 글밖에는 쓸 줄을 모른다. 그러나 받아쓰기로 실망시키는 것만 빼면 나에게는 아주 소중한 사람이었다.

비 오는 날이면 학교로 제일 먼저 우산을 들고 달려오는 것도 득보 아재다. 질척거리는 진흙 속에 내 발이 빠질까봐 그 넓적한 등에 나를 업고 빗속을 씩씩하게 잘도 걸었다.

나는 비 오는 날이면 자주 교실 뒷문에 눈길을 준다.

"영세 너거 머슴 왔다."

아이들이 소곤거려서 돌아보면 뒷문에 문지기처럼 턱 버티고 서 있는 득보 아재를 볼 수 있었다. 나와 마주치면 그 큰 눈이 싱긋 웃으며 아무 걱정 말고 공부나 잘하라고 한다.

나는 비 오는 날 맡게 되는 득보 아재의 진한 몸 냄새를 좋아했다. 나에게 우산을 받쳐 주느라 득보 아재의 어깨는 언제나 비에 젖어 있었다. 득보 아재의 어깨 위에서 김과 함께 모락모락 나는 냄새, 땀 냄새와 담배 냄새, 사랑채에서 먹을 갈고 온 날은 희미한 먹 냄새가 날 때도 있었다. 그런데 득보 아재에게서 나는 냄새 중 이름을 알 수 없는 냄새가 있었다. 희미한 기억 속 어디에선가 맡은 것 같기도 한 정다운 냄새.

내가 그 냄새의 이름을 알아내려고 득보 아재의 등에다 코를 킁킁 대고 있으면 득보 아재는 걸음을 우뚝 멈추고 물었다.

"영세 니 뭐 하는 겨?"

"아재 냄새가 나서…."

"구린내냐?"

"아니, 담배 냄새, 땀 냄새, 할아버지 먹물 냄새…그리고 이거는… 이거는 꼭 아버지 냄새 같다."

나도 모르게 불쑥 나온 말이었다. 정말 그러고 보니 그 알 수 없는 냄새를 아버지에게서 맡은 것 같기도 했다.

"영세 니 아버지 생각 나?"

"조금…. 키가 이렇게 크고 매일 기침만 큼큼하고…."

내가 네 살 든 봄에 돌아가신 아버지의 냄새가 득보 아재에게서 난다는 것은 정말 다행이었다.

"아재 등에 업히면 꼭 아버지 만난 것 같다."

든든한 득보 아재의 등에 얼굴을 묻으며 중얼거린다.

그러고는 언제 왔는지 잠을 깨면 내 방에 누워 있곤 했다.

"득보 아재!"

나는 사랑채로 뛰어들면서 고함을 질렀다.

사랑채에 오신 손님의 흰 고무신을 닦고 있던 득보 아재가 고개를 들었다.

"이것 봐라! 희한한 것 다 있다."

나는 헐레벌떡 필통을 열어서 득보 아재의 젖은 손바닥에다 연필밥을 자랑스레 놓아주었다.

"이게 뭐꼬?"

득보 아재는 그 큰 눈을 껌벅껌벅하며 신기해 했다.

"면장네 딸이 자동 연필깎이로 깎은 내 연필밥이다. 참 희한도 하제? 이것 봐라. 아재 손칼보다 열 배는 더 곱다."

나는 자동 연필깎이로 깎은 연필을 득보 아재 눈앞에 들이대고 이리저리 돌려가며 자랑했다. 득보 아재는 한참 동안이나 연필을 구경하고는 이렇게 중얼거렸다.

"정말 희한도 하네. 영세 니도 할아버지한테 자동 연필깎이 사 달라고 할끼제?"

"그럼, 우리가 면장네보다 부잔데 그까짓 자동깎이 하나 못 살라고?"

"그럼 영세하고 이 득보 아재 사이도 점점 멀어지겠구만…."

득보 아재는 연필밥을 만지작거리며 먼 산을 바라보았다. 득보 아재의 그 큰 눈이 그렇게 쓸쓸해 보인 것은 처음이었다.

"아재, 자동 연필깎이 사면 왜 아재하고 나하고 멀어져?"

나는 득보 아재의 그 쓸쓸한 눈빛 때문에 목젖이 당겨서 간신히 물었다.

"매꼬롬한 가시나같이 깎여지는 연필에 니가 반해서 이 아재 이야기 들을 새가 어디 있것냐?"

나는 그제야 득보 아재의 쓸쓸함을 짐작할 수 있었다.

"자동 기계 안 사! 난 아재 이야기 듣는 게 더 좋아! 이 매꼬롬한 가시나 같은 연필보다 아재가 손으로 깎아주는 연필이 더 좋아, 더 좋단 말이야!"

나는 자동 연필깎이에서 나온 뾰족한 연필심을 사정없이 우두둑 꺾어버렸다. 조금 전 윤희가 득보 아재가 깎아준 내 연필심을 꺾어버렸듯이. 그러나 그 빨간 자동 연필깎이를 가지고 싶은 마음까지는 꺾을 수가 없었다.

득보 아재가 벌떡 일어나더니 나를 덥석 업고는 사랑채를 두 바퀴나 맴돌아주었다.

"영세야, 고맙다…."

비 오는 날이 아닌데도 득보 아재의 몸에서는 진한 아버지 냄새가 났다.

득보 아재에게 내 연필을 깎아주는 것은 아주 중요한 일이었다. 어른들의 생각도 마찬가지였다. 심부름을 시키려다가도 연필을 깎고 있는 득보 아재를 보면 다른 사람에게 시켰다. 그럴수록 득보 아재는 연필을 깎는데 더 공을 들였다.

내 연필을 깎기 위해 그동안 대장간에서 벼려 온 손칼만도 몇 개나 되었다.

날렵하면서도 안으로 둥글게 휜 작은 칼은 연필 깎은 곳을 다듬는데 썼고, 날카로운 일자형은 연필을 깎는데 썼다. 물푸레나무로 만든 칼자루마다 꿩이나 노루, 토끼 같은 산짐승들이 새겨져 있는 것도 재미있었다. 득보 아재는 그것을 보물처럼 싸서 주머니에 넣고 다녔다.

"우리 영세, 오늘은 공부 엄청 많이 했구만."

학교에서 돌아오면 득보 아재는 사랑채 마루 끝에서 내 필통을 열어보며 아이처럼 좋아했다. 연필 깎을 일거리가 많아져서 신이 난 것이다. 연필 깎을 것이 별로 없는 날은 힘없이 필통을 밀쳐내는 것이 꼭 어린아이 같았다.

득보 아재에게는 이상한 버릇이 있었다. 연필을 깎을 때마다 반드시 이야기를 하나씩 하는 것이었다. 이야기가 길면 연필도 이야기에 맞춰서 오래오래 깎았다. 연필이 다 깎여도 이야기가 끝나지 않으면 깎은 곳을 몇 번이나 다듬곤 했다.

"오늘은 숙제가 많단 말이야, 어서 깎아 줘."

내가 이렇게 채근대야만 서둘러 이야기를 끝냈다.

박씨전, 전우치전도 모두 득보 아재에게서 들은 이야기였다.

"아재, 그 이야기 다 어디서 나와?"

"이야기? 모두 이 칼에서 나오제. 이 칼이 내 품속에서 이야기를 먹고 살다가 영세 니 연필을 깎을 때마다 한 자루씩 흘러 나오제."

득보 아재는 싱긋 웃으며 이렇게 말하곤 했다.

그 득보 아재는 내가 4학년 올라가던 봄에 데릴사위가 되어 먼 곳으로 장가를 간다고 했다. 득보 아재는 걱정스러운 얼굴로 나를 불렀다.

"영세야, 할아버지께 말씀 드려 자동 연필깎이 하나 사 달라고 해봐."

"갑자기 자동은 왜? 아재도 자동 싫어하면서…. 난 아재가 깎아주는 것이 더 좋아."

"아재도 없는데 니가 혼자서 연필을 깎다가 손가락을 다칠까봐 그러지."

"장가가면 이제 우리 집에는 안 오는 거야?"

고개를 끄덕이는 득보 아재의 그 큰 눈에 눈물이 핑그르르 돌았다.

"첩첩 산골이라 한번 나오기가 쉽지는 않지만 그래도 영세가 많이 보고 싶으면 달려와야제…."

목소리 끝에 울음이 방울방울 맺혀 있었다.

사실 4학년이 되도록 나는 내 손으로 연필을 한번도 깎아보지 못했으니 득보 아재가 걱정할 만했다.

그동안 우리 반에는 자동 연필깎이를 가진 아이들이 제법 늘어서 눈치를 보아 가며 부탁하지 않아도 되었다. 연필깎이 성능을 자랑하기 위해 서로 깎아 주겠다고 야단들이었다. 그러나 면장네 막내딸 윤희가 깎아 준 것이 내 자동 연필깎이의 처음이자 마지막이었다.

득보 아재가 나에게 보여 준 사랑을 그 매꼬롬한 계집애같이 생긴 연필 모양으로 잃고 싶지 않았기 때문이다. 나는 득보 아재의 두 손을 꼭 잡았다.

"걱정 마, 아재. 그 이야기하는 칼만 주고 가면 아재 대신 연필 한 자루에 이야기도 한 자루씩 해 가며 내가 깎을게."

나는 언제부터 득보 아재의 이야기하는 칼을 탐내고 있었다.

"너 줄라고 진작부터 마음먹었다. 그런데 손 다칠까 그게 젤 걱정이지."

손도 대지 못하게 하던 손칼들을 품속에서 선선히 꺼내주었다. 득보 아재의 품에서 나온 칼에서도 아버지의 냄새가 배어 있었다.

득보 아재가 처음으로 써 보낸 편지를 나는 잊을 수가 없다.

편지 봉투에 쓰인 글씨를 보고는 장가가서 아재가 받아쓰기를 많이 한 줄 알았는데 그게 아니었다.

'영세야, 연피를 까따가 손가라그 다치라.'

– 영세야, 연필을 깎다가 손가락을 다칠라. –

받아쓰기를 그렇게 싫어하던 득보 아재는 그예 이런 편지를 보내오고야 말았다. 어른들의 안부는 묻지도 않고 오직 이 한 줄뿐이었다.

그런데 그 틀린 글자들이 한꺼번에 내 가슴속으로 뛰어 들어오자 나는 그만 소리 내어 울고 말았다. 받아쓰기가 틀릴 때마다 바보라고 놀려 먹던 득보 아재의 글씨가 왜 그렇게 정답게 느껴졌는지 알 수 없었다.

–득보 아재, 이야기하는 칼이 아재 대신 영세를 지키고 있으니까 걱정하지 마라. –

나는 이야기하는 칼로 연필을 정성껏 깎아서 득보 아재에게 편지를 썼다.

득보 아재는 내 편지를 보고 안심이 되었는지 그 후로 다시는 편지를 보내지 않았다.

나는 중학생이 되고 고등학생이 되면서 어른들이 하는 득보 아재 이야기를 간간이 들었다.

"그 좋은 힘에, 그 착한 심성에… 호박이 넝쿨째 굴러왔다고 한다는군."

"뭐, 득보가 쌍둥이 아들을 보았다구?"

나는 어른들이 주고받는 이야기를 들을 때면 득보 아재가 주고 간 이야기하는 칼을 꺼내 연필을 깎곤 했다. 아재가 내게 했던 것처럼 연필 한 자루에 이야기도 한 자루씩 하면서…. 그럴 때마다 기억 속 어디선가 득보 아재의 냄새가 희미하게 나는 것 같았다.

봄이 되면 군대엘 가야 하는 나는 득보 아재를 꼭 한번 만나고 싶었다.

아재의 등에 업혀 다니던 그 꼬맹이가 어른이 되어가는 모습을 보여주고 싶었다. 그러고 보니 나는 중학생이 되어 처음 모자를 쓰고 대문을 나가던 날도, 턱에 수염이 가칠가칠 돋아나기 시작할 때도 득보 아재를 생각했었다. 우리 집 어디선가 득보 아재가 불쑥 나오며 내 어깨를 툭툭 두드려 줄 것 같았다.

열차에서 내려 버스를 갈아타고 해 질 무렵에야 그 산골 마을에 도착했다.

득보 아재는 돋보기를 쓴 채 마루 끝에 앉아서 아직도 연필을 깎고 있었다. 쌍둥이를 양쪽에 하나씩 앉히고 연필 한 자루에 이야기도 한 자루씩 하면서. 나는 한동안 내 어린 날의 추억을 바라보고 서 있었다.

"아재!"

득보 아재는 연필을 깎다가 고개를 들었다.

"영세, 우리 영세 맞제? 정말 우리 영세가 이 아재를 보러왔단 말이제?"

득보 아재는 맨발로 달려나와 아재보다 더 커 버린 나를 덥석 안았나. 아, 득보 아재에게선 그때까지도 아비지 냄새가 나고 있었다. 나는 코끝이 아려서 먼 산을 바라보았다.

득보 아재 곁에서 하룻밤을 보내고 돌아오면서 나는 끝내 내놓지 못한 물건 하나가 있었다. 어린 날 그렇게도 가지고 싶었던 빨간 자동 연필깎이, 아재의 쌍둥이 아들에게 줄 선물이었다. 그런데 두 아들 사이에 앉아 연필을 깎고 있는 득보 아재를 보지 않았으면 그것을 주고 왔을 것이다. 어쩌면 윤희가 내게 했던 것처럼 눈 깜짝할 사이에 연필을 깎아주고는 필통 속에다 그 연필밥까지 담아 주었을지도 모른다.

그 빨간 자동 연필깎이를 추억 속으로 가만히 밀어 넣는 순간 득보 아재의 목소리가 들렸다.

'영세야, 연필 한 자루에 이야기도 한 자루씩이다!'

한후남

1990년 《수필문학》 천료
수필집 《시간의 켜》

말놀이 각刻놀이

처음엔 그저 가벼운 마음으로 시작한 일이었다.

남의 손을 빌지 않고 내 손으로 도장을 파 보고 싶은 욕심이 들었었을까. 어쩌면 오래도록 손끝에 간직해온 나뭇결의 맛을 제대로 한번 느껴보고 싶은 마음에서였을 것이다.

나는 언어를 다루기 훨씬 전부터 손동작 유희를 즐겼었다.

깨진 기왓장을 공들여 갈아 공깃돌을 수백 개씩 만드는가 하면, 어머니 재봉틀 곁에서 헝겊조각을 오려내며 찬란한 색의 세계로 빠져들곤 하였다.

입학 전, 고향집에 머물 때는 솜씨 좋은 할아버지 뒤를 졸졸 따라다니며 돈 주고도 못 얻을 감성계발을 일찍이 한 셈이었다. 할아버지 손끝에서 요술처럼 피어나는 벼룻집, 왕골 꽃방석, 진기한 모양의 정원수와 형형색색의 꽃밭들…….

묵묵히 글 읽고 땀 흘려 일하시는 할아버지의 숭고한 모습은 내 가슴에 우뚝 선 거목으로 남아있다. 보통사람들이 흉내 못 낼 일들을 끊임없이 창조하시던 할아버지, 그분의 예술성에 젖어 성장할 수 있 있던 것은 크나큰 행운이었다.

중학 일학년이었던가, 미술시간에 나무로 된 넥타이 걸이를 만들었다. 도자기를 그려 넣은 표면을 조각칼로 한 켜 한 켜 떠내고 마무리할 때 손끝에 묻어나는 오묘한 감촉을 사십 년이 지난 지금도 생생하게 기억하고 있다.

큼지막한 미송 판에 ㄱ ㄷ ㄹ ㅁ ㅂ ㅅ ㅇ 기본 획을 파는 연습을 하고 나면 메 산山 마음 심心 없을 무無 등을 새긴다. 이 단계에선 솜씨가 미숙해도 별 표가 나지 않는다. 글자 획이 클 뿐더러 간단히 한 글자만 파면 되니 인내심과 특별한 솜씨도 필요 없다. 혹 딴 생각을 할지라도 칼이 어긋나는 일은 드물다. 설령 예리한 칼날이 빗나가 한 획을 끊어먹는다손 치더라도 접착제로 응급처치를 하면 눈속임을 할 수 있었다. 지지부진 기본기를 익히자니 별 흥미가 일지 않았다.

휴강을 한 덕에 집에 앉아 묵직한 나무판을 붙잡고 씨름을 한다. 남들은 모두 피서 가는 복더위에 이열치열이다. 기초가 부실하니 진땀만 흐를 뿐 진전이 없다. 힘에 부친 상대와 승강이를 벌이자니 귀한 글귀가 이제야 눈에 든다.

하심下心이라, 마음을 내려놓으라 한다. 목까지 꽉 찬 욕심을 비우라는 뜻일 게다. 말과 각刻의 수련에 이보다 더 좋은 글제는 없을 것 같다. 결국, 치솟는 욕망을 주저앉혀 마음을 비워낼 때에만 글도 각도 비로소 생생한 제 모습을 드러내지 않겠는가.

추사의 예술성을 강조한 서체이다 보니 구불구불 휘도는 획이 하회마을 물굽이처럼 어지럽다. 설상가상 일 센티 이상 깊게 파들어 가야 제 맛을 살릴 수 있다고 한다.

칼과 나의 한판 대결이다. 팽팽한 기류가 감돌고 있다. 난감하다. 조금이라도 딴전을 피우다가는 예리한 칼날은 어김없이 내 허를 찌르고 말 것이다. 좀처럼 칼 든 손이 자유로워지지 않는다.

수령이 오래된 느티나무는 목리가 아름다운 대신 재질이 야물어 초보자는 칼놀림이 쉽지 않다. 옹골차게 틀어 앉은 옹이조차도 서툰 내 솜씨를 비웃어 칼날을 튕겨내는 것만 같다.

세상에 어디 그리 녹록한 일이 흔하랴마는 예기치 못한 복병을 만난 나는 안절부절못한다. 만만하게 보아온 허술한 틈새를 칼끝은 노리고 있다.

나는 원고를 쓸 때마다 쉽게 다가앉지 못한다. 텅 빈 원고지를 앞에 놓고 번번이 뒷걸음을 치곤 한다. 게다가 애면글면 얽어 놓은 문장이 닳아빠질 정도로 퇴고도 여러 번 하는 편이다. 조심스레 한 켜 한 켜 나무를 떠내는 일은 단어 한 자 한 자 공들여 박아 넣는 일과 다르지 않다. 이중 삼중의 화려한 수사가 문장을 어지럽히듯, 정곡을 찌르지 못한 칼날엔 보푸라기만 일 뿐, 각이 서지 않는다. 안일하게 풀어놓은 말들은 문맥을 흩트리고 허술하게 넣은 칼집은 일껏 세운 각을 수포로 돌린다. 그러나 어긋난 문장은 식별이 쉽지 않으나 빗나간 칼날은 흔적이 적나라해 그 실수가 금방 눈에 띄곤 한다.

열대야가 계속되는 폭염에, 하루 8시간씩 깎고 다듬기를 나흘째, 비지땀을 흘린 보람이 있는 걸까, 창칼로 도려낸 마음자리가 매끈한

속살을 드러낸다.

화덕을 안고 칼을 벼려 각을 세우듯 문장도 치열하게 가다듬어야 하리. 내가 부리는 언어 하나하나가 온전히 제 빛깔을 띨 때까지 끊임없이 벼르고 벼려야 하리.

황광지

1995년 《한국수필》 등단
수필집 《장마 사이》 외 3권

돌탑을 품은 산

잔뜩 흐린 휴일 오후, 나는 우리 집 작은방의 베란다 밖으로 팔용산을 마주하고 있다. 한겨울의 산색은 온통 돌탑 색깔이다. 사철 푸른 소나무 전나무가 섞여 있지만 푸른색도 한기에 못 이겨 무채색 같은 음산함을 띠고 있다. 산 아래에 있는 테니스 코트와 족구장 바닥이나 펜스의 연두색을 제외하면 돌탑을 품고 있는 팔용산의 신비를 느낄 수 있는 잿빛 짙은 풍광이다.

나는 산을 바라보며, 덮인 계곡 속의 돌탑무리를 그려보고 있다. 테니스 코트 위쪽으로 난 저 계곡을 따라 불과 10분 정도만 가면 천 개에 가까운 돌탑이 무리지어 있는 곳이다. 처음에 나는 뭐 대수로운 것이 있을까 하며 올라갔다가 몇 개의 돌탑들이 서 있는 것을 보고 "역시나!"하고 실망했다. 그런데 그건 맛보기에 불과했다. 더 올라갔다가 계곡 속에 탑들이 숲을 이루어 있는 것에 입이 딱 벌어져 한참

숨만 몰아쉬었다. 계곡을 메우고 선 크고 작은 돌탑들이 소름을 돋게 했다. 신령한 기운마저 느끼며, 딴 세상에 온 것처럼 탑 사이를 비집듯이 이리저리 돌아보았다. 오래전부터 소문으로 들었지만 내가 사는 가까이 있는 것이 뭐 그리 내단할까며 얕잡아보았던 것을 후회했다. 나 혼자 상상하여 조잡할 것이라고 멋대로 비하했었는데, 결코 조잡하지도 예사롭지도 않았다. 내가 명승지라고 찾아가서 보았던 곳들을 떠올리며 눈앞에 펼쳐진 광경과 비교해보았다. 비싼 비용을 치른 해외여행에서나 이름난 국내의 명승지에서 보았던 명물들 중에도 이보다 덜한 곳이 많지 않았던가.

한 사람의 땀이 팔용산 돌탑이라는 명물을 만들었다. 지방행정에 종사하던 이삼용이라는 사람이 쉬는 날이면 저 계곡에서 탑을 쌓았단다. 지게에 돌을 모아 지고 차곡차곡 정성을 쌓았다. 탑이 하나하나 완성됨에 따라 이 산에 대한 사랑, 이 지역에 대한 애착이 차츰차츰 더해갔다. 시간이 갈수록 사명감이 두터워지고 중단할 수 없는 탑 쌓기가 계속되었다고 한다.

지금 그는 어디에 있을까? 아마 저 계곡을 서성이며 돌을 집고 있을까? 내 눈은 길 건너 보이는 족구장의 장정들을 지나 숲 속을 뚫고 돌탑무리 속에서 지게를 진 그를 보고 있다.

이쪽으로 이사 와서, 두 번째 탑을 보러간 날은 자신 있게 멀리서 온 형제들을 부추기며 올라갔다. 나는 의기양양했고, 형제들은 내가 처음 돌탑을 대면했을 때보다 더 감탄하는 소리를 많이 내었다. 마침 주말이라 산을 오르내리는 사람들도 많이 보였다. 이 산에 익숙한 사람들은 편안한 얼굴로, 처음 온 사람들은 우리 일행처럼 왁자지껄 찬사를 나누었다. 우리는 올라갈 때는 계곡 아래 돌탑 숲으로 갔다가 내려올 때는 계곡 위쪽으로 설치되어 있는 나무다리로 해서 천천히 감상하며 내려왔다.

그날 전해 듣기만 하던 이삼용 씨를 보았다. 계곡 아래 돌탑 가까이에, 알루미늄 사다리를 곁에 두고 지게를 진 채 서 있는 그를 알아본 등산객들이 큰소리로 그를 불렀다. 그리고는 많은 사람들을 행복하게 해줘서 고맙다는 진심 어린 인사를 떠들썩하게 해댔다. 우리 일행은 예의바르게 인사하는 등산객 덕분에 돌탑을 만든 주인공을 목격하고 다큐멘터리에 가담한 감동을 더하게 되었다. 돌탑을 손보던 일손을 멈추고 그는 친절하게 이야기를 나누었다. 주말이면 늘 여기서 일을 하느냐는 질문에는 얼마 전에 공직에서 퇴임해서 시간이 많다는 말도 했다. 탑을 보고 나니 그에 대해 고개가 숙여졌다.

문득 상해에서 30달러나 치르고 흥미롭게 구경했던 '예원'이란 정원이 떠오른다. 오래된 정원을 둘러보면서 그것을 설계하며 이루고자 했던 사람의 용단과 대대로 이어지는 자리매김에 놀랐다. 명나라 때 고위 관직에 있던 한 사람이 부모에게 효도하기 위해 개인적으로 조성하였지만, 400여 년을 내려오면서 중국 전통문화예술을 만끽할 수 있는 명소로 거듭나는 곳이 되었다. 그 정원을 거닐며, 한 사람의 힘이 큰 나무그늘이 되어 사람을 모여들게 하는 것이 아주 부러웠다.

이런 음산한 날씨에는 산을 오르는 사람도 별로 없을 터이니, 돌탑들은 적막함 속에서 더 신묘한 자태를 뿜고 있을 것이다. 잿빛 하늘에서 내려온 바람이 돌탑을 품은 산을 쓸고 지나자 나무들이 시린 가지들을 참느라고 우우우우 흔들린다.

2015 경남예술제
경남사랑 사화집

발행일 | 2015년 11월 4일
발행인 | 김연동
발행처 | 경상남도문인협회http://cafe.daum.net/gnmuninhep

편　집 | 백남오(경남문학 주간)
옥영숙(경남문학 편집장)
성정현(경상남도문인협회 사무처장)
김용권(경상남도문인협회 사무차장)
이희경(경상남도문인협회 사무차장)

제작보급처 | 도서출판 경남
창원시 마산합포구 몽고정길 2-1
이 메 일 | gnbook@empas.com
전화번호 | (055) 245-8818, 8819
전　　송 | (055) 223-4343
(등록 제567-1호 1985. 5. 6.)

ISBN 978-89-7675-266-6-03810

* 이 책은 경상남도와 경상남도예술문화단체총연합회에서
발간비의 일부를 지원받았습니다.

〈값 13,000원〉